LA FEMME

ET

LE POSITIVISME

LA FEMME

ET

LE POSITIVISME

PAR

P. GRIMANELLI

ΚΤΗΜΑ ΕΣ ΑΕΙ

E P

SE VEND CHEZ

ÉDOUARD PELLETAN, ÉDITEUR
125, Boulevard Saint-Germain, 125

ET A LA

SOCIÉTÉ POSITIVISTE
10, Rue Monsieur-le-Prince, 10

1905

PREMIÈRE PARTIE

LA QUESTION DE LA FEMME

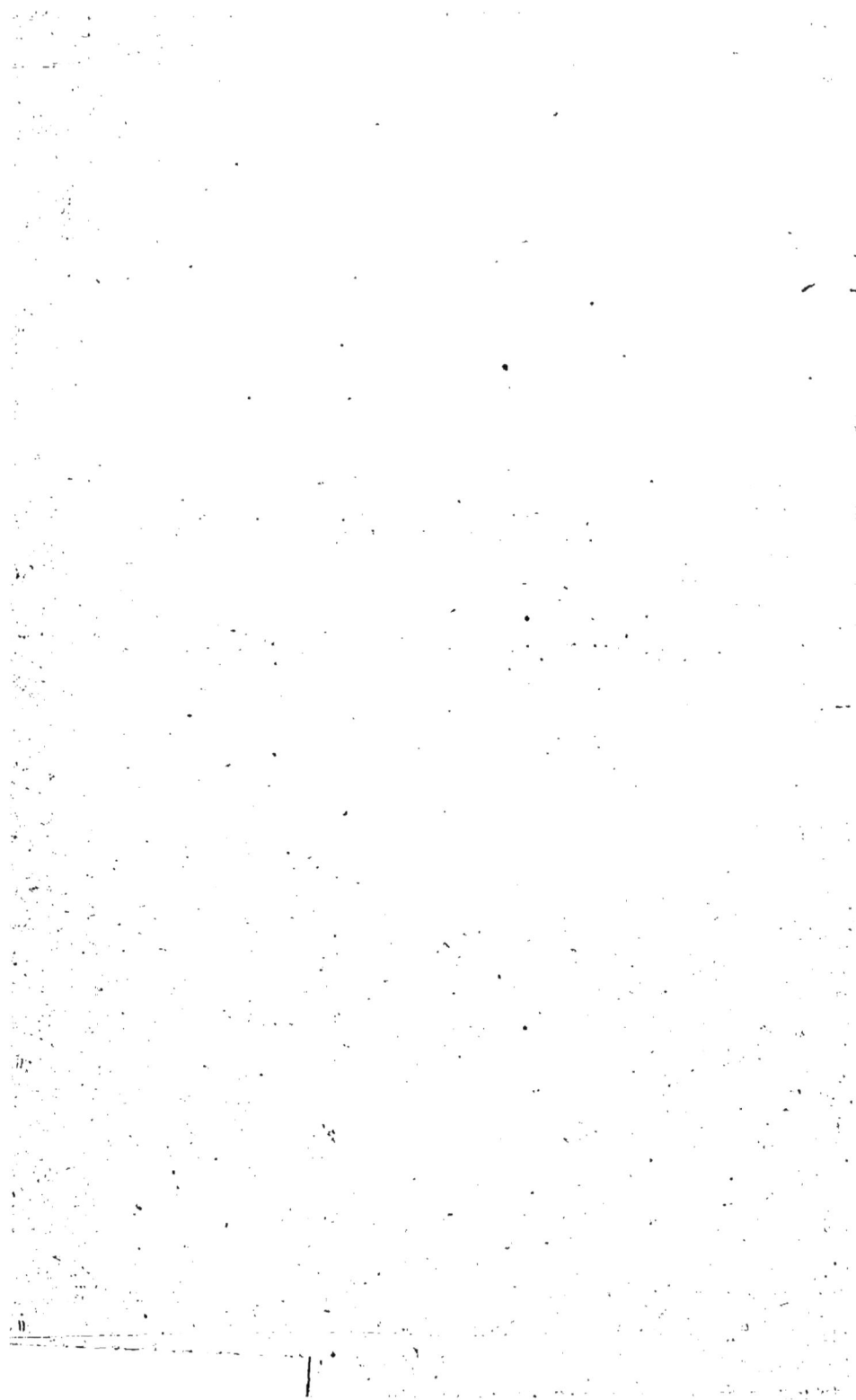

LE GENOU DE L'HOMME
NE FLÉCHIRA PLUS QUE DEVANT LA FEMME (A. C.)

I

Il y a une question de la femme.

Il y a un problème de la femme. Il n'en est pas de plus pressant, ni de plus difficile.

Quelle est la condition de la femme dans notre société ? Réalise-t-elle sa destinée ? En a-t-elle toujours une notion exacte ? La femme a-t-elle sa juste part du bonheur possible ? Faisons-nous notre devoir envers elle ? Elle-même connaît-elle assez tout son propre devoir et, si elle le connaît assez, le veut-elle, le peut-elle assez accomplir ?

Il n'est pas de questions plus pressantes. Car elles évoquent bien des réalités douloureuses et réveillent l'image, navrante en sa précision, de plus d'une misère matérielle, de plus d'une détresse morale. Et nul besoin d'un grand effort pour apercevoir, en connexité avec les infortunes particulières, des plaies sociales fort graves : familles désemparées, mœurs altérées, ordre compromis, progrès entravé, civilisation faussée, avenir humain en péril.

La difficulté du sujet est énorme. L'organisme féminin, l'âme féminine, tels qu'ils nous sont donnés par la collaboration tant de fois millénaire de la nature et de l'histoire, offrent à l'observateur un des objets les plus compliqués qui puissent mettre sa perspicacité en échec. En ce sujet plus qu'en tout autre, il faut, sans jamais abandonner le terrain solide des réalités biologiques, tenir tout le compte nécessaire de l'évolution morale et se garder d'une psychologie trop simple ou d'une sociologie trop géométrique.

Nulle question sociale n'est plus importante.

Auguste Comte a écrit : « *L'amélioration du sort les femmes et l'extension graduelle de leur influence fournissent la meilleure mesure de nôtre progression à la fois négative et positive vers la vraie perfection morale.* » (*Politique positive*, tome III, chap. I*er*).

La démonstration de cette vérité n'est plus à faire.

Dites-moi ce qu'est et ce que fait la femme dans une société, comment elle y est traitée, respectée, honorée, comment elle y aime et comment elle y est aimée, quelle y est la direction de ses propres pensées, quel son rôle et quelles ses responsabilités, quel enfin son idéal, et je vous dirai ce que vaut cette société. Si, en dernière analyse, le perfectionnement moral est la vraie « mesure » d'une civilisation, il est juste de juger celle-ci tout d'abord d'après l'existence et la place qu'elle fait à la femme.

Tout progrès véritable dans la vie féminine suppose une suite de victoires sur la violence, sur la bestialité, sur l'orgueil, sur l'ignorance et sur la sottise. Quand la femme gagne en bien-être et en stabilité d'existence, quand elle croît en considération comme en influence, quand ses devoirs et sa liberté grandissent ensemble, quand elle oblige davantage et se reconnaît elle-même plus obligée, c'est que toute la société dont elle fait partie est montée de quelques degrés de plus au-dessus de l'animalité pure.

Méfions-nous des thèses excessives. Bête de somme, souffre-douleur ou esclave de luxe, la femme n'aurait jamais eu d'autre choix dans le passé et même aujourd'hui, d'après quelques-uns, son sort n'aurait que peu changé, sauf en de rares pays privilégiés, peut-être d'ailleurs idéalisés par l'éloignement. Ces hyperboles ne présentent une vue juste ni de la réalité historique, ni de la réalité contemporaine.

Que, dans les rapports entre les deux sexes, l'homme primitif se soit montré inférieur à certains animaux, il en faut faire l'aveu en toute humilité. Qu'à cet égard, comme à quelques autres, notre espèce ait eu grand'peine à dépouiller la bestialité originelle et que son évolution soit encore loin d'être achevée, rien n'est plus certain. Mais y eut-il et y a-t-il réellement des peuplades d'où l'attachement et la sympathie aient été ou soient totalement absents et où leurs manifestations les plus humbles, jointes aux exigences de la vie sociale la plus élémentaire, n'aient pas tempéré l'excès ou interrompu la continuité des lubricités brutales, des férocités cannibaliques, ou d'une tyrannique exploitation ?

Quelque longue durée que l'on assigne à la sauvagerie de notre espèce dans la préhistoire et même dans la première histoire, l'ascension s'est faite pénible et lente vers une existence plus humaine. Grâce à notre organisation perfectible et à l'action de la vie sociale, l'œuvre dite de civilisation s'est poursuivie, laissant, il est vrai, derrière elle quelques populations trop attardées, peut-être aussi d'exceptionnels déchets humains. La marche en a été très inégale et les aspects très divers suivant les milieux et les temps. Mais toutes les fois et partout où elle a réellement acheminé les hommes vers plus de sociabilité, vers une plus juste connaissance des choses et un peu plus de maîtrise d'eux-mêmes, elle a procuré aux femmes des gains relatifs en bien-être et en dignité.

Les religions et la politique, la guerre et l'industrie, la science et l'art, le mouvement des idées, le jeu des intérêts et l'essor des sentiments ont tour à tour ou ensemble contribué à modifier la femme et sa condition.

Il serait absurde de nier les antiques servitudes et leurs survivances partielles. Mais l'histoire nous montre bien, en regard des méfaits de l'égoïsme masculin ou des effets persistants d'états inférieurs, comment le progrès social et l'ascension féminine ont été solidaires.

Toutefois, dans l'héritage du passé, s'il y a un actif d'incontestables bienfaits, il existe un passif : les vestiges ineffacés des abus et des préventions qui répondent à des étapes sociales dépassées. Il en subsiste dans les lois et plus encore dans les mœurs.

D'autre part, la femme supporte plus que l'homme le double poids de l'anarchie morale et de l'anarchie économique qui sévissent sur nous.

L'interrègne ouvert par l'impuissance rapidement accrue des anciennes disciplines, fondées sur des dogmes condamnés, et par la trop longue attente d'une nouvelle organisation morale propre à rallier et à régler les hommes est spécialement dur aux femmes. Il est pour elles plein d'épreuves, de menaces et de périls. Tout y contribue à les blesser et à les troubler. Les institutions si nécessaires à leur sécurité sont ébranlées. Les règles qui s'y rattachent sont méconnues ou dangereusement faussées. Si d'ailleurs les devoirs permanents sont négligés, quand leur sens même n'est pas oblitéré dans les consciences, les devoirs nouveaux qu'exige le progrès social ne sont pas encore acceptés. Dans cette anarchie, la femme voit se tourner ensemble contre elle des préjugés anciens qui n'ont plus leur raison d'être, mais à qui les excès même de la critique révolutionnaire donnent un regain de vie, et les sophismes récents d'un individualisme désordonné, si favorable à l'égoïsme et à l'irrespect masculins.

Quant à l'anarchie économique, effet du jeu redoutable de forces industrielles et financières démesurément développées, mais non réglées, si elle est pour tous une cause d'insécurité, elle agit tout spécialement sur le sort de la femme pour en aggraver la précarité douloureuse.

II

Rappel de notions préliminaires.

La *femme* à considérer n'est ni un être de raison, ni un pur esprit.

C'est un être vivant, organisé d'une certaine manière. Cet être appartient à l'espèce *homme ;* mais il a un *sexe.*

Le sexe n'apparaît pas seulement dans les organes et dans les fonctions spécialement sexuels. L'anatomie, la physiologie et la psychologie féminines subissent dans leur ensemble l'influence du sexe. Les traits généraux et les similitudes fondamentales de l'espèce sont de toute évidence communs à l'homme et à la femme, sans quoi il ne serait possible de concevoir entre eux ni société, ni concours vital. Mais les différences qui distinguent les sexes au moral autant qu'au physique ne sont pas moins indispensables à toute coopération utile.

Toute femme, comme tout homme, vient au monde en un lieu de la planète où se rencontrent certaines conditions matérielles d'existence, *dans une famille,* point de jonction de plusieurs lignées d'ancêtres qui se concentrent et se particularisent à mesure qu'on se rapproche de la dernière génération, qui se ramifient à l'infini à mesure qu'on remonte dans le passé. Toutes les acquisitions et variations secondaires, communes aux deux sexes ou spéciales au sexe féminin, qui se sont accumulées au cours des âges dans la généalogie d'une femme et qui ont été consolidées par l'hérédité, sont incorporées comme formes, besoins et aptitudes à sa constitution physique et cérébrale.

Elle grandit dans un milieu déterminé : milieu matériel, milieu moral.

Les milieux matériels sont naturels ou artificiels. La civilisation a constamment accru l'importance des milieux artificiels, qui ont agi soit comme adjuvants, soit comme correctifs des conditions d'existence. La femme a subi plus que l'homme l'action des milieux artificiels. Le vêtement, par exemple, a été, pour elle surtout, une institution capitale. Combien n'a-t-il pas modifié à son avantage son corps, sa sensibilité, ses mœurs, ses moyens de défense ou de séduction ! L'habitation, avec ses transformations successives, a exercé une influence beaucoup plus

marquée sur la vie féminine que sur la vie masculine.
Cette influence grandit dans la mesure où les femmes
vivent davantage à l'intérieur par contrainte, par
habitude ou par goût. Elle est au minimum chez
les population qui imposent aux femmes toutes les
corvées extérieures.

Le milieu moral, c'est d'abord la famille. L'action
de la famille consiste en cette infinité de pratiques,
de soins, de suggestions, d'habitudes, d'exemples,
d'émotions communiquées, d'enseignements qui
enveloppent l'enfant dès sa naissance. A cette incu-
bation prolongée les parents immédiats ne collabo-
rent pas sans puiser largement dans le patrimoine
de traditions qu'ils tiennent des parents antérieurs.
L'empreinte en reste particulièrement forte sur l'enfant féminin qui, en général, subit plus tard ou
moins que le garçon l'action *directe* du monde extérieur à la famille.

Cependant toute famille est elle-même plongée
dans un milieu social auquel elle est subordonnée.
La femme est soumise par cet intermédiaire, avant
de l'être directement, à la vie économique, politique
et morale de ce milieu. Il la domine par les sentiments de l'ambiance, par les idées reçues, par toutes
les excitations et toutes les inhibitions de la volonté
dont la source est dans la société environnante. Il
est évident que les mœurs, les lois, les opinions, les
préjugés, bons ou mauvais, les tendances et les rêves
qui concernent la femme contribuent beaucoup à
façonner son cerveau même, pourvu qu'ils gouver-

nent un nombre suffisant de générations féminines.

La femme occidentale du XX⁰ siècle est tellement au-dessus de ce qu'on peut savoir de la femme primitive dans son âme et dans son corps, dans sa beauté même, qu'on a pu dire sans paradoxe qu'elle est un produit de l'humanité. Ce qu'elle doit à la civilisation est énorme. En revanche la trace héréditaire des servitudes et des éducations vicieuses dans sa mentalité comme dans son caractère n'est pas négligeable.

Cependant, si les conditions sociales d'existence développent ceci, atténuent cela, elles ne créent ni ne suppriment aucun organe essentiel, ni aucune fonction *élémentaire*. Mais elles provoquent de diverses manières la combinaison des fonctions élémentaires du cerveau en fonctions *composées*.

La civilisation fait évoluer et diversifie, ou transpose, ou encore associe en dès combinaisons supérieures les traits distinctifs de la biologie et de la psychologie féminines. Mais elle n'en abolit aucun et en accentue plusieurs.

Les différences secondaires qui, en dehors des organes proprement sexuels, sont observables entre l'anatomie de la femme et celle de l'homme, ont été souvent exposées par les biologistes et les anthropologistes.

Une, entre autres, l'inégalité de la taille, a eu surtout une importance réelle en plusieurs ordres de relations sociales.

Le fond de toute vie est la vie nutritive. Or, les

physiologistes nous enseignent que l'ensemble de celle-ci se caractérise chez la femme par plus d'*épargne* et moins de *dépense* que chez l'homme. La nutrition pure n'est pas seule à se ressentir de ce phénomène généralisé, mais les formes aussi et, pour ainsi dire, toute la comptabilité de la vie nerveuse. N'est-ce pas là une explication de ce fait que, si la nervosité féminine est sujette à des causes spéciales d'instabilité, la femme néanmoins se montre souvent plus endurante que l'homme aux privations et à la souffrance physique, parfois même à certains genres de fatigue?

On sait le rôle considérable des organes locaux de la maternité et de leurs fonctions dans l'économie de la femme. Leur état et leur activité, suivant qu'ils sont normaux ou non, dominent sa santé physique depuis la puberté jusqu'à un âge plus ou moins avancé. Sa santé morale n'en est que trop souvent affectée.

Son activité — faut-il le répéter après tant d'autres? — est étroitement dépendante de cette partie capitale de l'organisation qui lui est propre et des manifestations qui s'y rattachent. Les entraves et les interruptions qui en résultent sont connues. A la durée des grossesses et des allaitements il faut ajouter la durée au total assez longue des indisponibilités ou des diminutions de disponibilité déterminées par le retour périodique de phénomènes que l'évolution a notablement développés dans l'espèce humaine. Or, je ne fais état ici que des phénomènes physiologiques ; que sera-ce si l'on tient compte des complications pathologiques qu'ils comportent ?

La femme est inférieure à l'homme, généralement, en force musculaire. Si le plus grand exercice et le moindre exercice respectifs ont accru cette inégalité, ils ne l'ont pas créée. La comparaison avec les espèces animales les plus voisines, l'observation des populations les plus attardées, ou des milieux les plus incultes, ne justifient-ils pas cette assertion ? Celle-ci n'est nullement infirmée par le fait que chez des peuples barbares la femme fait des besognes de bête de somme et que dans nos civilisations mêmes elle exécute des travaux fort pénibles. Car c'est justement parcequ'il était le plus fort que le mâle lui a imposé, avec toutes les servitudes, des corvées dont il s'est déchargé lui-même. C'est à un abus analogue de la force, transformé par la civilisation, qu'il convient d'attribuer le surmenage industriel ou autre dont trop de femmes prolétaires sont victimes au XX⁰ siècle dans notre Occident.

Comment, en opposition avec l'infériorité de sa force musculaire, la femme a vu se dessiner progressivement la douceur de ses lignes, la souplesse et la grâce de ses mouvements, l'adresse subtile de ses doigts, ce n'est pas seulement à la biologie qu'il faut le demander, mais à la sociologie aussi.

III

Un peu de psychologie élémentaire et comparée.

La *psychologie* de la femme, c'est-à-dire sa vie cérébrale, est liée aux autres fonctions de sa vie animale et à sa vie végétative. Inversement elle réagit sur l'une et sur l'autre.

La comparaison entre le poids du cerveau féminin et celui du cerveau viril a donné lieu aux déductions les moins scientifiques. Si l'infériorité absolue du premier n'est pas contestée, il n'en est pas de même de son infériorité proportionnelle, de celle que l'on constaterait en tenant compte du rapport entre le poids du cerveau et les dimensions ou le poids du corps entier. Sur celle-ci les anthropologistes sont en désaccord. Mais, même si elle devait être admise, l'on ne serait pas fondé à en conclure à l'infériorité psychique de la femme. D'abord le poids total et brut de l'encéphale ne peut servir d'indice précis, puisque ni l'encéphale ni le cerveau proprement dit ne sont un organe unique, mais un système d'organes multiples qui accomplissent des fonctions distinctes quoique liées. Donc il faudrait pouvoir déterminer pour chaque sexe le poids des parties du cerveau affectées aux fonctions les plus élevées et la relation de ce poids avec celui du reste de l'encéphale, du reste du corps. Qui s'en chargera, surtout en l'état actuel de nos connaissances sur les localisations ? Mais il y a plus : car le peu que nous savons de la structure et de la vie intimes des centres nerveux nous autorise à dire que bien des facteurs divers, en dehors du poids, contribuent à la quantité et à la qualité de leur travail.

Rien ne saurait donc remplacer l'observation directe des manifestations de l'activité cérébrale et leur comparaison.

Chez la femme comme chez l'homme, cette activité est conditionnée par les *sensations* et dominée par les *affections*.

La femme ne possède pas un sens de plus que l'homme. Elle n'en possède pas un de moins. Peut-être subit-elle à un degré supérieur l'influence de ses sensations internes, sourdes mais profondes, pauvres de perceptions, mais génératrices, souvent à notre insu, de certaines dispositions émotives.

Auguste Comte a mis hors de cause cette vérité expérimentale que toute notre activité intellectuelle et pratique est subordonnée à notre vie affective. Il a observé que cette subordination est encore plus marquée chez la femme que chez son compagnon.

Quelles sont les principales modalités de sa vie affective?

Les fonctions affectives, instincts, appétits ou penchants, désirs ou répulsions, si on les considère comme impulsions, sentiments ou émotions, si l'on envisage le plaisir ou la souffrance attachés à leur satisfaction ou à leur contrariété, passions, si on les observe dans un degré supérieur d'excitation, se divisent en égoïstes et altruistes. Les affections égoïstes sont biologiquement plus énergiques, mais souvent en conflit entre elles ; les altruistes sont naturellement plus faibles, mais plus harmoniques entre elles et socialement de plus en plus nécessaires. Les unes et les autres sont élémentaires, mais elles se combinent entre elles avec le concours de l'intelligence, et sous l'influence de la vie sociale, en fonctions composées, tendances, sentiments, passions complexes d'une variété croissante.

L'instinct de conservation personnelle, le plus fondamental des instincts égoïstes, se manifeste aussi puissant chez la femme que chez l'homme. Ce sont les instincts qui intéressent la conservation de l'espèce qui nous présentent une première et très importante différence dans la psychologie des deux sexes.

Ces instincts sont l'appétit sexuel et le besoin ou l'amour de la progéniture, très distincts, quoique voisins, et parfois antagonistes.

L'appétit sexuel est moins actif et plus intermittent chez la femme que chez l'homme. Le besoin et l'amour de la progéniture offrent au contraire chez la femme une intensité tellement supérieure qu'ils garderont le nom d'instinct maternel.

Une fois pour toutes, disons qu'en ces notes psychologiques, comme en celles qui suivront, il faut sous-entendre les mots *en général* ou *habituellement,* les exceptions supérieures ou inférieures, plus ou moins nombreuses suivant les cas, étant toujours réservées et d'ailleurs explicables.

Les mœurs animales chez les espèces voisines nous montrent, dans les rapports sexuels, l'attaque, voire la violence du mâle, et tout d'abord la défense ou la fuite de la femelle, qui ne cède facilement qu'en des périodes espacées d'excitation dans les organes de la maternité. Plusieurs primates et l'espèce humaine ne se sont distingués à cet égard que par la lubricité désordonnée du mâle. La vie sociale et son évolution ont augmenté l'écart primitif entre la sexualité masculine et la sexualité féminine, qu'elles ont spécialement contenue et modifiée.

Les traits de mœurs plus que faciles et certains usages observés chez des peuplades de l'Afrique et de la Polynésie, l'exercice d'un droit de propriété sur la femme étendu jusqu'à louer son corps comme source légitime de revenu, ou à le prêter gracieusement à des hôtes, ne contredisent pas plus ce qui précède que les exemples de prostitution sacrée mentionnés par les historiens de l'antiquité. Ceux des traits de mœurs recueillis qui peuvent être attribués à la spontanéité féminine s'expliquent presque toujours par des mobiles autres que l'intensité habituelle de l'appétit sexuel : la faim, la gourmandise, la passion de la parure, la crainte révélentielle, la tendresse insouciante et passive. Quant aux coutumes peu édifiantes auxquelles il vient d'être

fait allusion, elles sont des formes d'abus de la force
ou d'aberrations religieuses. Mais leur constatation
n'infirme point une observation plus importante,
qui est celle-ci : l'évolution des sociétés humaines
les plus considérables, le développement des civilisations qui ont agi sérieusement sur la marche de
l'humanité nous font apparaître les religions, les
lois et les mœurs comme appliquées le plus souvent,
pour des motifs divers, à surveiller, réglementer ou
réprimer la sexualité féminine beaucoup plus sévèrement que la sensualité virile.

Cependant ce n'est pas seulement comme frein
que la vie sociale agit sur le tempérament et les
mœurs de la femme. En défendant un peu plus sa
vie, sa subsistance et sa maternité, elle a éveillé chez
la compagne de l'homme de nouveaux besoins, entre
autres celui de soustraire son corps à de trop faciles
entreprises. Par l'institution du vêtement et de l'habitation ce besoin s'est accru en raison même des satisfactions partielles qu'il recevait. La civilisation, en
organisant la famille paternelle, assigna aux femmes,
avec des fonctions définies, des obligations trop uni-
latérales. Mais elle leur procura aussi, grâce à plus de
stabilité dans la vie commune, la possibilité et le goût
d'une réaction morale incompatible avec l'étalage des
sujétions animales. Lorsque s'est solidement installée
la religion du foyer, ce qui supposait l'existence sé-
dentaire, lorsque surtout la femme y a été sérieusement associée par le mariage monogamique, celle-ci
a eu de nouveaux motifs de décence et de retenue.

C'est ainsi que le développement de la vie sociale a concouru d'une part avec les exigences de la maternité et avec les suggestions secrètes de l'intérêt féminin, d'autre part avec le progrès de la sensibilité morale chez les femmes, à faire évoluer le primitif mouvement de défense sexuelle en ce sentiment exquis de la *pudeur* (1), auquel l'homme n'est pas resté étranger, mais dont l'absence disqualifie la femme.

Cela n'empêche pas que la femme puisse être extrêmement passionnée en amour. Ses sens y sont bien pour quelque chose, car elle n'est pas un « corps glorieux ». Mais il entre dans la plus grande ardeur de sa passion des impulsions affectives, des émotions et même des dispositions physiques distinctes du pur appétit sexuel. Celui-ci, consciemment ou non, joue sans doute sa partie dans le concert ou dans l'orage passionnel, mais il est plus rare qu'on ne croit qu'il y soit prépondérant. Ce qui est sûr, — et c'est une contre-épreuve, — c'est que la femme répugne infiniment plus que l'homme aux rapprochements sexuels sans amour (2).

Avant tout elle est restée profondément maternelle.

(1) Il ne faut pas négliger parmi les sources du développement de la pudeur une heureuse transposition de l'orgueil qui s'est produite dès l'antiquité, du moins dans les classes dirigeantes, plus ou moins imitées à la longue par les autres classes libres.

(2) Il n'y a pas lieu de s'arrêter ici à des cas pathologiques, rares en somme. Quant à la prostitution, bien d'autres causes que le dévergondage sexuel y entraînent ordinairement les malheureuses dont elle devient le triste métier.

On s'est parfois étonné qu'Auguste Comte, dans sa belle théorie des fonctions du cerveau, qui, en ses grandes lignes, me sert de guide, n'ait pas classé l'instinct maternel parmi les affections *altruistes*. Une analyse attentive justifie notre philosophe. Comme fonction élémentaire, cet instinct doit être isolé des combinaisons affectives dans lesquelles il entre dès l'origine et de la culture sociale qu'il a reçue. Ainsi considéré, il est le besoin de se prolonger en un organisme semblable à soi et, après la séparation accomplie, l'attache subsistant non plus anatomique, mais physiologique encore, avec l'être démembré de soi-même, quelque chose comme une réminiscence sourde de la primitive communauté de vie. Par là on s'explique que, de ses vrais noms besoin et amour de la progéniture, et commun aux deux sexes, il soit plus intense chez la femme, mais aussi qu'il donne lieu à des manifestations égoïstes.

Qui ne les a maintes fois observées ? Qui ne sait jusqu'où peut aller chez le père et plus encore peut-être chez la mère l'esprit de *possession* sur le *produit* organique qu'est l'enfant ? Jusqu'à l'abus de pouvoir le plus manifeste et le plus inconscient d'ailleurs. En outre, nul ne contestera ce qui se mêle d'orgueil à l'amour paternel, de vanité aux maternelles tendresses.

Mais hâtons-nous d'ajouter que, parmi les instincts les plus profonds et les plus énergiques de la personnalité, il n'en est pas d'aussi apte que l'amour de la progéniture à s'associer étroitement aux penchants altruistes, surtout à l'attachement et à la bonté. La vie sociale et la civilisation n'ont fait que développer ce phénomène de pénétration réciproque. Il en résulte des combinaisons affectives tellement serrées qu'on en distingue à grand'peine les éléments composants. On comprend ainsi que l'amour du produit, qui agit parfois d'une façon si naïvement égoïste, détermine d'autres fois la plus complète immolation de soi-même en faveur d'un autre.

N'oublions pas que, notamment dans le cas de la maternité, le rapport de *possession* peut être renversé, et il l'est souvent, au profit du produit.

Le rôle joué par la paternité dans la physiologie et dans la psychologie masculines n'est pas comparable au rôle joué par la maternité dans la physiologie et dans la psychologie féminines. L'instinct maternel, susceptible d'ailleurs, indépendamment de son office essentiel, des modalités et des transpositions les plus diverses, domine l'économie des femmes, leur santé corporelle et leur santé cérébrale, leur vie affective et leur mentalité à leur insu même. Il exerce son empire chez celles qui n'ont pas, qui n'auront pas d'enfants, même chez celles qui croient n'en pas vouloir. S'il peut revendiquer sa part dans plus d'une sublimité morale, ses altérations ou ses aberrations occupent dans l'aliénation et la criminalité des femmes la place réservée aux surexcitations et aux perversions sexuelles dans l'aliénation et la criminalité des hommes.

La femme a moins de *combativité* que l'homme.

Rien d'étonnant à cela, si l'on songe à quel point l'instinct destructeur est en connexion avec l'offensive sexuelle, et si l'on songe aussi aux entraves apportées par les fonctions maternelles à l'activité extérieure.

Je ne prétends pas nier qu'une longue évolution sociale et les habitudes héréditaires aient beaucoup développé cette différence primitive. Mais est-ce que l'évolution sociale et les habitudes héréditaires ne sont pas elles-mêmes des faits de la nature soumis à des lois ?

Les traits de méchanceté féminine que l'on cite, les raffinements mêmes de cruauté constatés en certaines circonstances à la charge des femmes de quelques peuplades anthropophages et dont, en pleine civilisation, des femmes dénaturées nous offrent parfois l'équivalent, le goût de la médisance, (il n'est ni général parmi les femmes, ni exclusivement féminin), les fureurs de la jalousie chez quelques femmes, les infanticides, ne prouvent pas plus que quelques faits épars d'*amazonisme* trop complaisamment relevés, l'égalité d'action de l'instinct destructeur chez les hommes et chez les femmes. Des phénomènes secondaires ou dérivés, des exceptions sociologiques ou morales, des drames où la tendresse même s'exaspère au point de prendre le visage de la haine et d'en faire le geste, les tragédies de la misère et de la honte, les méfaits imputables autant au désordre social qu'à la défaillance ou à la dépravation individuelles, sans parler des monstruosités véritables, ne sauraient prévaloir contre les données d'observations beaucoup plus générales.

Dans tous les cas, la combativité est un mode de l'instinct destructeur que la nature et la plus longue histoire ont concouru à mettre de plus en plus à l'actif du mâle dans la balance des comptes psychiques entre les deux sexes.

Rappellerons-nous par contre que quelques manifestations de l'instinct constructeur sont autant liées à l'amour maternel que les impulsions destructives à l'offensive sexuelle ?

Notons encore que la femme pêche moins par orgueil que par vanité. L'orgueil est cette tension de la personnalité qui se traduit en besoin de s'élever ou de s'isoler, en appétit de domination ou d'indépendance. La vanité est la forme extrême du besoin de paraître, d'attirer les regards, de se parer, du désir de plaire, d'être louangé, admiré.

Les Agrippine se voient sans doute et dans tous les rangs. Mais combien sont plus nombreuses les coquettes et combien infinies d'ailleurs les formes et les nuances de la coquetterie !

IV

Suite du même sujet.

Nous voici au seuil de l'*altruisme*.

Ce mot désigne un groupe de tendances et de sentiments observables. Ces tendances et ces sentiments, en ce qu'ils ont d'élémentaire, sont naturels dans l'espèce humaine; et l'homme n'est point à cet égard une exception dans le règne animal.

Au bas de l'échelle altruiste, distinguons un *besoin de rapprochement* avec le semblable, sans acception de sexe. S'il est diffus et banal, la quantité importe alors beaucoup plus que la qualité ou la durée : c'est le besoin d'*agrégation*, le besoin de se sentir en troupe. S'il se concentre sur un petit nombre d'êtres déterminés, même sur un seul, — c'est l'*attachement* proprement dit. Il y a *préférence*. Pourquoi ? Pour mille raisons d'ordre physiologique ou autre dont le sujet peut n'avoir aucune conscience.

A mesure que les sens s'affinent, que l'intelligence se forme et que la vie sociale se développe, il entre plus de choix dans l'attachement. Le contact physique, qui a seul été recherché d'abord, ne tarde pas à ne plus suffire. Il pourra même n'être plus indispensable. La vue des êtres aimés, les communications de toute sorte, même à distance, les contacts

moraux en viendront à être autant et plus désirés
que les rapprochements matériels et les caresses.

L'attachement tend à la fixité.

Il faut placer plus haut la *sympathie*. Elle est, au
sens propre du mot, l'aptitude à nous émouvoir des
émotions d'autrui. Le concours de l'intelligence lui
est nécessaire. Car comment être ému de l'émotion
d'un autre sans en percevoir et en interpréter les
signes ? La sympathie, en elle-même, paraît bien
impliquer une tendance élémentaire à l'extension
de notre vie affective hors de nous, à la pénétration
mutuelle des sensibilités.

La sympathie, à un degré supérieur de son développement, sera le besoin de *se dépenser* pour des
fins non personnelles. Dès lors plus manifestement
active, elle devient le besoin de donner quelque
chose de soi, de vivre pour autrui, mais aussi en
autrui. Elle s'appellera la *bonté* ou *l'amour*.

La sympathie tend à l'expansion.

A côté du besoin de s'agréger ou de s'attacher,
de la sympathie ou de la bonté, l'on observe un
penchant spécial que l'on a nommé *vénération*. La
vénération incline l'être à la soumission. Elle détermine aussi la retenue, une sorte d'inhibition cérébrale et, par suite, des abstentions contraires aux impulsions passionnelles. Elle s'exerce envers d'autres
êtres qui ont fait sentir ou chez qui l'on imagine un
genre quelconque de grandeur ou de supériorité. Il
faut bien qu'elle soit une inclination naturelle,
puisque de tout temps les hommes et les femmes ont

été portés et ont trouvé du plaisir à se créer, quand les réalités étaient insuffisantes, des objets fictifs, et souvent indignes, de vénération.

Si l'on veut se faire une idée juste des traits propres au cœur féminin, il ne faut point isoler chacun des éléments de la vie altruiste, ni davantage les séparer tous ensemble des autres fonctions de l'activité cérébrale. Il importe de considérer leur aptitude à se combiner entre eux et plus encore peut-être leur association avec les divers penchants personnels, avec les tendances de l'esprit, du caractère et du tempérament.

Ni l'égoïsme absolu, ni l'atruïsme pur ne sont des réalités observables. Aussi bien est-il heureux que notre sociabilité naturelle, grâce à de nécessaires alliages, emprunte à la plus grande énergie des impulsions de notre personnalité un complément de force qui lui est ordinairement indispensable.

Or, parmi les instincts de la personnalité, il en est un qui est, plus que tout autre, apte à se combiner étroitement avec l'attachement et la sympathie : c'est l'instinct maternel. Le gain qu'il y trouve lui-même n'est pas contestable. Ses manifestations les plus touchantes dans le monde animal attestent déjà ce qu'il s'est incorporé d'altruisme. Dans l'espèce humaine cette sorte de *synthèse affective* a modifié, ennobli l'instinct primitif dans l'exercice même de sa fonction ordinaire, par quoi la femme mère s'élève toujours plus haut au-dessus de la femelle génitrice. Par là même, si l'on franchit les degrés intermédiaires, s'expliquent les sublimités du sacrifice maternel.

Mais ce que l'instinct maternel apporte à l'altruisme n'est pas moins remarquable que ce qu'il en reçoit. Il lui prête, en le pénétrant, une part de son énergie propre, qui est considérable. Il se mêle aux affections de la femme, alors même que ses rapports avec les êtres issus d'elle ne sont pas un jeu, alors même qu'elle n'a pas, qu'elle n'a jamais eu d'enfants. Il leur communique un grand pouvoir d'action et d'émotion. Il y ajoute un peu de cette intensité de tendresse que la femme met dans le contact caressant des petits.

Il entre toujours de la maternité dans l'attachement féminin, quel que soit son objet, amant, époux, frère, amie, camarade de jeunesse, compagnon de l'âge mûr. Observez même comment la jeune fille ou la jeune femme, en son dévouement à de vieilles gens, les entoure, non sans une charmante nuance d'autorité, de la sollicitude enveloppante et protectrice avec laquelle sont couvés les petits enfants.

La bonté de la femme est toujours maternelle, surtout quand elle prend la forme de la *pitié*. Tout être qui souffre, quelle que soit sa souffrance, est pour elle un faible qui appelle son secours, qui a besoin qu'elle l'aide ou qu'elle panse sa blessure, mais aussi qu'elle le console, qu'elle sèche ses larmes, qu'elle berce sa douleur, comme fait la mère du petit malade ou affligé.

L'instinct maternel introduit dans les affections la concentration du sentiment qui lui est propre. S'il accroît ainsi la puissance d'aimer, il tend à spécialiser l'objet de l'amour. A la différence de la sexualité masculine qui exerce une action dispersive sur la vie affective des hommes, la maternité répugne aux tendresses banales et faibles; en revanche, elle ne porte point par elle-même aux généralisations de la sociabilité.

L'altruisme féminin rachète souvent le précieux renfort qu'il reçoit de l'instinct maternel par le penchant à trop particulariser la sympathie. Ce particularisme dégénère facilement en partialité. C'est ainsi qu'une très grande bonté et une admirable faculté de dévouement, de sacrifice même, se peuvent rencontrer en un cœur de femme avec une insuffisance du sentiment de la justice. Mais n'oublions pas le rôle considérable qui appartient à l'esprit, aux idées générales et à l'éducation dans la formation de ce sentiment.

Volontiers individualiste, parfois exclusive, la femme ne se défend pas toujours assez, même en ses plus nobles affections, de l'esprit de possession propre à l'amour du produit. De là ces naïves exigences, cette main-mise quelquefois aussi inconsciemment indiscrète que sincèrement désintéressée sur la vie des êtres aimés. De là encore ces formes spéciales de la jalousie qui s'appliquent à de tout autres relations que les relations sexuelles ou aux rapports de mère à enfant, par exemple aux amitiés féminines.

La femme est vénérante. Que les apparences contraires, offertes par certains milieux contemporains, ne nous y fassent pas tromper. Chez la femme, le sentiment de sa faiblesse, des habitudes séculaires de soumission, une prudence accrue par la pratique et fixée par l'hérédité, ont ajouté à la nature. Mais la nature même met de la dépendance voulue dans son amour, jusque dans sa maternité.

Ici encore la femme manifeste ses tendances particularistes. Elle spécialise et individualise volontiers en des êtres concrets et personnels l'objet de sa vénération. Le respect des supériorités collectives ou abstraites n'est pas encore développé chez elle autant qu'il pourra l'être dans l'avenir.

Mais la femme atteint facilement une continuité de tendresse que l'homme a plus de peine à réaliser. Sa capacité supérieure de se donner tout entière, de s'oublier pour les autres, éclate en ces longs dévouements obscurs, en ces immolations ignorées, en ces sacrifices répétés tous les jours que ne récompense aucune renommée, pour lesquels aucune gloire n'est attendue. Les exemples en sont nombreux parmi les femmes de toute condition. Ils abondent et sont particulièrement touchants dans les rangs les plus humbles.

Le *caractère*, au sens précis et restreint qu'Auguste Comte a donné à ce terme, comprend les fonctions cérébrales auxquelles appartient la direction supérieure des mouvements. C'est du moins à exciter, retenir, coordonner ou maintenir ceux-ci que s'ap-

5

plique avant tout leur activité. Mais elles exercent aussi une influence générale sur l'ensemble de la vie cérébrale, dont elles modifient, pour ainsi dire, la tonicité par leur action propulsive, inhibitrice ou de concentration. Elles entrent comme éléments essentiels dans ces qualités morales qui se nomment le courage, la prudence, la fermeté.

La femme, si l'on met à part les circonstances où elle obéit à l'impulsion d'une affection très vive ou d'une forte passion, se montre en général moins hardie et moins entreprenante, mais plus prudente que l'homme. La nature et les conditions sociales d'existence ont agi à cet égard dans le même sens. A cette plus grande prudence, jointe au besoin de défense et au tour donné par la vie à l'esprit fémi- nin se rattache la propension à combattre la vio- lence par la ruse.

En général aussi, la persévérance dans l'énergie apparaît à un degré moindre chez nos compagnes. Car il ne faut pas confondre l'aptitude à l'effort sou- tenu et concentré dans l'action, surtout la per- sistance dans la lutte avec certains genres d'endu- rance, ou avec la patience dans l'attente, ou avec la résistance par l'inertie et l'obstination passive. Une confusion semblable rend compte de quelques mé- prises, sans qu'il faille méconnaître des cas spéciaux, souvent remarquables, qu'on doit se garder de géné- raliser.

L'intelligence rachète sa dignité supérieure par sa plus grande dépendance. Chez les femmes comme chez les hommes, l'activité intellectuelle dépend étroitement d'abord et surtout de la vie affective, mais aussi des aptitudes du caractère et en outre de toutes les conditions de l'existence physiologique. Chez tous et chez toutes, son développement, dont nous sommes si fiers, est fonction de toute l'évolution sociale, de l'ensemble du passé humain. Cette subordination multiple est commune aux deux sexes. Mais chez la femme l'esprit est encore davantage subordonné au cœur ; de plus, il subit spécialement l'influence des « fatalités du corps » propres au sexe même.

De là des différences ou des modalités, nullement incompatibles avec les similitudes fondamentales. Ce sera l'effet d'une éducation meilleure de mieux dégager et de fortifier celles-ci, comme de mieux utiliser celles-là.

Les fonctions élémentaires de l'esprit sont les mêmes pour les deux sexes ; les lois logiques aussi. Ce qui peut différer, ce qui diffère d'un sexe à l'autre, c'est l'importance relative des diverses fonctions, leurs modes de combinaison entre elles et avec les fonctions affectives ou pratiques, les variétés d'application des lois logiques.

Plus être de sentiment que l'homme, la femme possède à un très haut degré l'intelligence du concret. Les représentations et les constructions de son esprit sont surtout concrètes. Sans doute elle abstrait, puisqu'on ne pense point sans abstraire. Mais, plus encore que l'homme, elle subordonne l'abstrait au concret, parce que les êtres l'intéressent beaucoup plus que les phénomènes et les propriétés.

Les êtres qui l'intéressent le plus ce sont les êtres humains qui l'entourent ou l'approchent, dont elle dépend ou qui dépendent d'elle. Ce sont aussi ceux qu'elle ne connaît pas, mais qu'elle sait souffrir. Son esprit s'attache plus aux individus qu'aux collectivités, plus aux groupements particuliers qu'à la société générale, moins aux institutions abstraites qu'aux personnes qui les représentent, les mettent en œuvre ou en subissent les effets. Cette tendance, sans être abolie, pourra, devra être modifiée dans la mesure où il est utile qu'elle le soit, par une éducation judicieuse non-seulement de l'esprit, mais des sentiments.

Les femmes excellent ou peuvent exceller dans l'observation concrète, par quoi elles apportent et apporteront de plus en plus une contribution précieuse au capital intellectuel de l'humanité. Bien observer sert à bien juger. Il n'est pas rare que dans le jugement concret, dans l'appréciation des personnes, la femme montre plus de perspicacité que l'homme.

Aimer porte à construire. Aussi les femmes ont-elles pour les arrangements réels ou fictifs des choses et des êtres, pour les rapprochements ou les combinaisons d'images, d'émotions, de personnages, un goût et une aptitude que la culture doit développer sous les formes les plus modestes comme les plus élevées.

Par contre, les analyses et les synthèses abstraites,

si elles doivent être poussées loin, sont moins leur affaire, surtout dans les sujets les plus complexes où l'abstraction est le plus difficile. Quand on croit que ces sujets sont les sujets mathématiques on commet une grave erreur. Aussi les exemples tirés soit de certaines célébrités historiques, soit de certains triomphes scolaires, n'ont-ils pas la portée qu'on leur attribue.

Répétons d'ailleurs que les différences intellectuelles s'expliquent le plus souvent par les diversités de la vie affective et du caractère. Voilà pourquoi plus d'une femme réussissent dans les ouvrages de l'esprit, de dimension réduite ou moyenne, qui supposent avant tout la délicatesse du sentiment, la finesse des observations, le goût des expériences, le soin amoureux du détail, l'ingéniosité des rapprochements, la grâce des arrangements, la souplesse aisée de l'expression ; ces dons, précieux pour l'art, rendent compte encore de certains succès scientifiques d'un ordre spécial. Mais voilà pourquoi aussi les grandes initiatives de pensée, les constructions puissantes de la philosophie, de la religion, de la politique et même de l'art, les labeurs de longue haleine, principalement dans le domaine des abstractions supérieures, paraissent convenir spécialement au génie masculin à cause de la prolongation d'effort cérébral, de la persistante tension de volonté ou, comme dit Aug. Comte, de la « haute intensité et de la continuité du travail mental » qu'ils exigent.

N'oublions pas de noter à l'actif de la femme que, chez elle, le sens du concret, le contact journalier avec les exigences élémentaires de la vie pratique, la prudence naturelle et acquise, sans compter les légitimes inquiétudes du cœur, favorisent la résistance du *bon sens* soit contre les témérités ou les partis-pris théoriques, soit contre la griserie de la bataille des idées.

En retour, la mentalité de la femme, conditionnée par l'ensemble de sa vie cérébrale et corporelle, par sa vie sentimentale notamment, réagit dans une certaine mesure sur celle-ci et la pénètre. Si la femme a des façons de comprendre, d'imaginer, de raisonner, d'assembler ses idées et de les exprimer qui lui viennent de son cœur, ses pensées et son langage, avec leur tour particulier, se mêlent à ses émotions et à ses désirs pour les nuancer et en diversifier plus ou moins le cours.

V

La solidarité des sexes et le bonheur commun.

Qu'est-elle donc, comparée à l'homme, notre femme occidentale donnée par la nature et par l'histoire ? Supérieure ? Non pas. Inférieure ? Pas davantage. Alors égale ? Je n'en sais rien.

Je n'en sais rien, parce que l'idée d'égalité est singulièrement obscure quand on prétend l'appliquer à la comparaison des êtres vivants.

Tâchons de rester dans les limites de l'observation et de l'induction permise, et disons que la femme est relativement à l'homme tout à la fois semblable et autre. Elle est semblable par les traits essentiels qui la font participer autant que l'homme de l'humanité. Elle est autre par des différences secondaires, mais nullement artificielles et non sans importance, qui ont leur racine dans le sexe de son corps et de sa personnalité.

Une meilleure civilisation doit dégager toujours mieux les similitudes fondamentales en vue d'un rapprochement plus vrai et d'une plus réelle communauté de vie entre les deux sexes pour l'accomplissement de leurs devoirs communs. Elle doit, d'autre part, utiliser toujours mieux les différences normales, soit primitives, soit acquises, en vue d'une plus efficace coopération des sexes et pour l'exécution de leurs devoirs spéciaux et mutuels. J'appelle « normales » les différences qui ne sont pas le fruit de la servitude ou de l'ignorance.

Le progrès ne consiste pas à détruire toutes les différences. Il en est beaucoup qu'il développe au contraire. Car l'ordre humain ne réside pas dans la juxtaposition des identités, mais dans le concours des diversités. L'harmonie n'est pas l'unisson.

Les rapports entre les deux sexes nous offrent un cas particulier d'une loi plus générale. La plus grande variété des fonctions et des aptitudes, pourvu que les similitudes spécifiques gardent ou acquièrent toute leur valeur, fortifie la solidarité et rend le concours de plus en plus nécessaire.

Les diversités de corps et d'âme (1), de vie et d'action entre les sexes commandent la solidarité et le concours des sexes. C'est à l'amour et à la raison associés de transformer l'interdépendance nécessaire en communion sentie et en coopération voulue.

L'intérêt commun, le progrès de l'Humanité, le bonheur des femmes et des hommes veulent que chacune des deux moitiés de la société humaine accomplisse les tâches auxquelles elle est plus adaptée et soit, autant que possible, affranchie de celles vers lesquelles la portent moins sa nature et son évolution.

(1) « Ame » veut dire ici *la synthèse des fonctions du cerveau associées et développées sous l'influence de l'existence sociale.*

DEUXIÈME PARTIE

LA FEMME DANS LA FAMILLE

I

La Femme et la Famille.

Mère, épouse, fille, sœur ou aïeule, la femme est *fonction* de la famille. Elle en est aussi l'âme.

L'homme privé de toute vie domestique souffre jusqu'à son dernier jour de cette mutilation morale. Mais la femme sans famille et la famille sans femme, quelle pitié ! Parmi les méfaits de la mort, de la misère ou du vice, il n'en est pas de plus cruel.

La famille, qui est la cellule sociale, est une société elle-même, comme la cellule est déjà un organisme. Elle est à la fois un être collectif et l'élément permanent de toute existence collective plus étendue et plus durable.

De la famille purement maternelle, rattachée en général à une sorte de paternité diffuse du clan, l'espèce humaine a évolué lentement vers la famille paternelle. Un degré supérieur de l'évolution est marqué par le recul des différentes formes de la polygamie au profit de la monogamie plus ou moins rigoureusement observée. Enfin la royauté patriarcale, caractérisée par un droit de propriété du père sur les enfants, de l'homme sur la femme, tend à faire place à un gouvernement domestique fondé sur les conditions réelles de la vie commune et sur la réciprocité des devoirs.

Le patriarcat est apparu souvent tyrannique ; mais, en attachant l'homme tant bien que mal, comme le maître à son bier, par l'intérêt et par l'orgueil en même temps que par l'affection, il a procuré aux jeunes des chances de survie beaucoup plus grandes et à la femme un peu plus de sécurité matérielle.

La monogamie a déterminé un progrès considérable dans la situation morale de la femme, dans l'éducation des enfants. Elle a développé la réaction de la femme sur l'homme, de la famille sur la société.

Il restait à perfectionner et à consolider la famille monogamique, à mettre une égale liberté pour les deux sexes dans sa formation même, avec une égale dignité dans les rapports qu'elle implique, à expurger le gouvernement domestique de toute survivance de l'antique propriété. Il restait à assurer au mariage, à la paternité, à la maternité, toute la valeur morale qu'ils doivent posséder pour le bonheur commun et pour le bien de la société humaine.

Ce troisième progrès est commencé chez les peuples de civilisation occidentale. Mais combien il est loin d'être achevé !

N'oublions pas que l'histoire de la famille n'est point autonome. Elle est liée à toute l'histoire religieuse, politique, économique de la civilisation, et à la marche même de l'esprit humain.

On ne dira jamais assez à quel point, sur cette

question de la famille, l'ordre social et l'intérêt général des femmes s'accordent exactement.

La famille est-elle à la fois forte et douce ? Est-elle bien la première source, qu'aucune autre ne remplace, de discipline affective ? Le lien conjugal, librement formé par élection mutuelle, est-il soumis à la double règle de l'unité et, sous la réserve des inévitables exceptions sagement limitées, de la fixité ? La petite société domestique possède-t-elle un chef sans subir un maître ? L'indispensable autorité des parents, établie sur le devoir de protection et sur la fonction d'éducation, fortifiée aussi bien que tempérée par la tendresse, est-elle assez défendue par les lois et par les mœurs ? Rencontre-t-elle aussi dans les unes et dans les autres l'obstacle à l'abus ? Moralement, la famille réalise-t-elle la plus étroite solidarité sans oppression ? Matériellement, est-elle liée par une réelle communauté d'intérêts sans exploitation ? Est-elle abritée par un domicile stable et digne ? La cité y trouvera, sans doute, les premiers et nécessaires éléments de sa cohésion, de sa durée, de sa défense, de son activité féconde et de sa noblesse. Mais la femme lui devra particulièrement sa sécurité matérielle, sa sécurité morale, comme les conditions les moins contestables de son bonheur.

Supposez au contraire la famille trop dure ou trop faible, vouée à l'anarchie ou livrée à la tyrannie, désorganisée et condamnée à une incurable instabilité. Il en résultera, pour le corps social, désordre et décomposition, ou arrêt de développement et stérilité. Il en résultera plus sûrement encore pour la femme soit le servage, soit la précarité de la vie et la déchéance.

Toute atteinte à l'ordre dans la famille est à la femme une blessure, toujours grave, parfois mortelle.

Toute introduction au foyer de plus de justice et de plus d'humanité est un gain pour la femme et par la femme, pour la société tout entière.

Cette double loi est commune à la rurale et à la citadine, à la prolétaire et à la bourgeoise ou à la patricienne.

S'il est vrai que le bien-être et la valeur de la femme, l'action qu'elle exerce sur les autres et le respect dont elle est entourée, corrélatif à celui qu'elle a d'elle-même, sont parmi les plus belles parties de notre patrimoine moral, sachons bien à quelles sources cette richesse est puisée. La solidité des liens de famille en est une ; et il faut entendre ceux qui unissent en une société véritable le mari et la femme, les parents et les enfants, les frères et les sœurs. Mais les biens précieux dont je parle ne dépendent pas moins des satisfactions de cœur et de conscience qui sont procurées à la femme et tout spécialement de la confiance qui lui est marquée.

J'ai nommé la *confiance*. Jeune fille ou femme, notre compagne servira d'autant mieux les fins humaines, les fins de la famille avant tout, qu'on lui montrera plus de confiance, qu'on la traitera mieux en personne responsable et en associée. Le degré de confiance qu'elle obtient dans une société et qu'elle sait justifier est une excellente mesure du progrès.

Reconnaissons comme en ce domaine les signes matériels deviennent des symboles sociaux. Pour illustrer une telle vérité l'on peut rapprocher des cas nettement opposés. Voici la femme cloîtrée, voilée, gardée ; et voici la femme libre de ses mouvements comme de son visage et de son regard. Ce ne sont pas seulement deux femmes différentes que vous avez devant vous. Ce sont deux civilisations inégales. Je ne prétends pas que la seconde soit sans reproche. Plus d'un abus et plus d'un vice la déparent. Toutefois, tout compensé, sa supériorité morale n'est pas douteuse.

II

La Femme et le Mariage.

Les affections de famille tirent leur valeur et leur charme de la quantité d'altruisme qui est en elles. Elles empruntent leur plus grande énergie à ce qu'elles contiennent d'égoïsme, comme aux limites étroites de leur domaine. Ce double caractère explique, entre autres raisons, pourquoi la famille est l'organe, non remplaçable, par lequel s'opère le passage de la vie purement animale à la vie sociale proprement dite. C'est, qui plus est, « en vertu de « leur imperfection même — dit Auguste Comte — « que les affections domestiques deviennent les seuls « intermédiaires spontanés entre l'égoïsme et l'al- « truisme, de manière à fournir la base essentielle « d'une solution réelle du grand problème humain. » (*Politique positive,* tome II, ch. 3.)

Comte ajoute aussitôt : « Dès lors, leur vrai per- « fectionnement doit consister, en général, à devenir « de plus en plus sociales ou de moins en moins « personnelles, sans rien perdre de leur intensité. » (*Id., ibid.*).

Dans l'affection filiale, l'instinct nutritif, le besoin de protection et la crainte coexistent à des degrés divers avec l'attachement, la vénération et la reconnaissance. Dans l'amour maternel, la part de l'instinct physiologique est toujours très grande et celle de l'amour-propre d'auteur n'est jamais négligeable, à côté de la tendresse morale la plus exquise. Le sentiment paternel nous offre un type incomparable de bonté, mais aussi des manifestations non douteuses d'orgueil et parfois de cupidité. L'attrait qui porte l'homme vers la femme et réciproquement n'échappe pas à cette loi de composition psychologique.

Il la subit même à un degré supérieur. Parmi les affections composées, il n'en est pas de plus complexe, ni de plus variable en sa complexité que *l'amour.* Il n'en est pas d'ailleurs qui ait évolué davantage sous l'action de la civilisation générale.

L'union de l'homme et de la femme, à la différence du lien de la filiation et du lien fraternel, est volontaire, en principe du moins. Le volontaire, pour s'appliquer même aux états sociaux et aux cas inférieurs, ne doit s'entendre ici que par opposition aux rapports déterminés par une nécessité extérieure à l'un au moins des êtres liés. Mais les mobiles les plus divers, les éléments les plus hétérogènes composent ce volontaire-là.

L'instinct sexuel, commun aux deux moitiés de l'espèce, mais plus fort et moins intermittent chez le mâle, un appétit obscur de maternité chez la femme sont les deux facteurs primitifs du rapprochement des sexes. De plus en plus, d'autres éléments se sont mêlés à ce premier fond. Une sensualité plus riche, moins grossière, mais plus exigeante, un pressentiment moins purement animal du mystère maternel, le besoin de possession réciproque, des modalités multiples de l'orgueil et de la vanité, les nuances les plus variées, les plus vives et les plus délicates de l'attachement, de la sympathie et du respect, le jeu de l'imagination étroitement associé aux combinaisons du sentiment, qu'il exalte, qu'il affine ou qu'il trouble, le goût à la fois affectif et intellectuel de la beauté physique ou des harmonies morales, autant de composants qui sont entrés graduellement dans cette chimie exquise et redoutable de l'amour humain. Mais au-dessous persiste l'énergie fondamentale des deux instincts qui assurent la perpétuité de la race.

A prétendre analyser *l'amour* ou à classer les traits qui le différencient d'un sexe à l'autre, on risque autant le reproche de pédanterie que celui de témérité. Qu'il suffise de marquer que dans l'amour, sous toutes les formes de l'émotion et à tous les degrés de la passion, si l'altruisme est le principe de toute noblesse et de tout bonheur durable, l'instinct, l'attrait physique et la personnalité furent toujours et demeureront, soit en leurs modes naturels, soit dans leurs transpositions souvent insoupçonnées, des sources vives de l'impulsion initiale et de l'énergie.

Mais le mâle humain est volage. S'il n'a pas le monopole de l'inconstance, il n'est pas douteux que sa sexualité le porte particulièrement à la dispersion et à l'abus. Sa force, sa combativité, son orgueil le rendent impatient de la règle. L'intérêt des enfants et de la famille, l'intérêt de la race et de la cité s'accordaient à réclamer un réglement quelconque des rapports intersexuels, lequel n'était pas moins exigé par les besoins et par les tendances de la femme.

Le *mariage,* même le plus inférieur, fut ce réglement quelconque.

Certes, ce ne fut pas le souci de la dignité des femmes qui domina son institution primitive. Enjeu d'un combat singulier, butin de guerre, récompense du courage, tribut prélevé par les chefs, objet de plaisir, de rapport ou de luxe acheté au père, la femme épousée fut la *propriété* de l'épouseur. Les

religions, la politique, l'évolution militaire ou industrielle, le lent progrès des sentiments et des idées,
la réaction constante de la société sur la famille, nous
ont peu à peu éloignés de ce point de départ. Mais
que de survivances encore !

Faisons abstraction de ces survivances. Dégageons-
nous aussi des croyances aujourd'hui caduques, mais
évitons le piège de la métaphysique individualiste et
gardons-nous de prêter une oreille complaisante aux
variations romantiques sur la souveraineté de la
passion. Essayons ainsi de nous former une idée
positive du mariage humain, considéré au terme de
la plus haute civilisation acquise et comme pierre
d'attente du perfectionnement futur.

Nos délicatesses morales autant que notre raison
nous interdisent désormais de voir dans le mariage
tout à la fois, — contradiction insoluble, — une
institution divine et une concession à l'infirmité
humaine, une sorte de part du feu faite au péché.
Mais il n'y faut pas voir davantage un simple contrat comme un autre, qui n'intéresserait que l'homme
et la femme signataires à l'acte et ne les lierait
qu'aux conditions des contrats ordinaires. Enfin, si
rien n'est plus triste qu'un mariage sans amour, le
mariage ne peut pas avoir pour seule fin la satisfaction de l'amour ; et la passion, même la moins grossière, ne saurait suffire à en régler les effets et la
durée.

Entre l'homme et la femme le mariage est plus
qu'un contrat, il est une *union*. Si par lui les cœurs,

les esprits, les volontés ne sont pas étroitement unis comme les corps et les intérêts, ce n'est qu'un pauvre mariage.

Le mariage est l'acte par lequel se fonde une nouvelle famille.

Cette famille nouvelle dût-elle rester réduite au couple uni, est déjà ce petit être collectif, cellule nécessaire de toute société plus étendue. La santé de ce petit organisme importe au plus haut degré à la santé du corps social ; car il est le laboratoire indispensable où s'accomplit, avec une continuité suffisante, la réaction mutuelle entre les deux sexes, si nécessaire à toute vie sociale.

Mais la famille a son complément normal dans les enfants. L'union réglée et stable du père et de la mère, leur coopération permanente et totale apparaissent dès lors comme des conditions essentielles de conservation, d'éducation, de protection communes pour les jeunes appelés à servir plus tard la nation et l'humanité. Bien plus, l'influence de cette union et de cette coopération est loin de cesser avec la majorité des enfants. L'expérience prouve même que le bénéfice antérieur en est compromis par un effet rétroactif si le lien est ultérieurement rompu.

Voilà déjà d'assez bonnes raisons pour que la société ne soit ni étrangère à la formation d'un tel lien, ni désintéressée de son règlement, ni indifférente à sa durée. Faut-il au surplus rappeler son importance capitale eu égard à l'état civil des personnes et à leurs relations juridiques dans la cité ?

Plus généralement, la force et la qualité d'une société sont subordonnées à la force et à la qualité des familles qui la composent, à leur adaptation aux fonctions sociales de la vie domestique. Or, cette adaptation dépend de la solidité et de la dignité du mariage. Donc le mariage, loin d'être une affaire purement privée, est une affaire sociale au premier chef.

C'est, au demeurant, la grande affaire sociale, si l'on considère l'avenir de la race et les conditions affectives de la sociabilité humaine, que la femme jouisse d'une pleine sécurité, acquierre et conserve sa plus grande valeur, exerce sa meilleure influence.

Or, la femme n'est réellement garantie contre les risques que comporte pour elle l'union sexuelle que si elle peut compter sur un lien viager. C'est à cette condition qu'elle peut être rassurée sur son sort matériel, sur son lendemain, sur sa vieillesse. C'est à cette condition qu'elle peut envisager avec la tran_quillité d'âme nécessaire et accomplir utilement jusqu'au bout toute sa fonction maternelle. C'est à cette condition qu'elle fonde un véritable foyer, pierre angulaire de la cité, et qu'elle y remplit son rôle économique et civil, qui est de conservation, de prévoyance et d'épargne.

Enfin, plus que l'homme, la femme réclame la stabilité de la vie affective. Elle y trouve, avec le bonheur, le plus sûr instrument de son influence. Elle y trouve aussi la seule sauvegarde effective de sa dignité personnelle, sans laquelle il n'est point pour elle d'action sociale.

Le caractère viager du lien conjugal est la contrepartie nécessaire de tout ce que la femme donne en amour. Ce qu'elle donne, c'est elle-même et tout entière. Pour que ce don ne soit pas une diminution de sa personne morale, il faut qu'il soit, en un sens, compensé par la solennité et la fixité d'engagements réciproques et par la gravité des obligations qui en découlent.

III

Avant et pendant le mariage.

Le mariage est l'instrument régulateur de l'instinct sexuel, qui, s'il n'est pas réglé ou si les satisfactions légitimes lui sont refusées, devient, surtout chez l'homme, le plus perturbateur des instincts. Il rattache l'enfant, par une filiation authentique, à toute une famille. Il est pour lui le gage de survie et d'éducation. Il est pour la femme la protection matérielle et la défense assurées. Il est ou doit être pour elle, dans l'amour, la sauvegarde de sa dignité et de sa sécurité.

Le mariage est cela ; mais il n'est pas seulement cela.

Il fonde ou doit fonder entre deux êtres humains la société la plus étroite, mais la plus complète qui soit concevable. Seuls l'homme et la femme, en raison de l'attrait spécial qu'ils ont l'un pour l'autre et qui s'ajoute à toutes autres affinités affectives ou intellectuelles, en raison même de leurs différences organiques et morales, peuvent former entre eux une telle société et la maintenir pour l'existence entière. Entendez, entre un seul homme et une seule femme, une communauté totale de vie et de destinée.

Une telle société, déjà impliquée dans la belle définition des jurisconsultes romains, mais que seules les mœurs positivistes pourront réaliser dans sa plénitude, appelle normalement les enfants, sans lesquels la famille reste inachevée. Mais elle a, même réduite aux deux époux, une valeur hors de pair. Car elle organise entre l'homme et la femme, complémentaires l'un de l'autre, les meilleures conditions d'éducation réciproque, de perfectionnement mutuel, pour leur bonheur commun et pour le commun service de l'Humanité.

Voilà ce que, pour les positivistes, le mariage est, — ou doit être.

De ces principes découlent quelques conséquences.

Le mariage, lien complet, exclusif et, sauf de graves exceptions, viager, est une institution de servitude, s'il n'est pas formé avec une liberté réelle, entière, égale de part et d'autre. Il s'en faut de beaucoup qu'il en soit toujours ainsi.

J'entends bien qu'une femme n'est point mariée si

elle n'a pas dit « oui » à Monsieur le Maire. Mais cela ne suffit pas.

Pour la femme, comme pour l'homme, il faut que le mariage soit le résultat d'un *choix* pleinement libre et conscient. Il exige non-seulement l'absence de toute violence matérielle ou morale, mais encore, des deux côtés, les conditions intérieures de la liberté qui sont la connaissance, le pouvoir de comparer, l'enquête contradictoire, l'épreuve assez prolongée de soi et d'autrui.

Il n'en sera ainsi que grâce à une réforme progressive des mœurs et de l'éducation des deux sexes, dans la bourgeoisie surtout. Par exemple, il convient de favoriser entre les jeunes hommes et les jeunes filles les relations honnêtes, au grand jour, les collaborations sérieuses, affranchies non pas du sage contrôle des mères, mais des suspicions offensantes, qui sont des suggestions mauvaises. La confiance témoignée a, si le fond est sain et bien préparé, les plus grandes chances d'être méritée. Elle éveille et entretient le sentiment de la responsabilité.

De semblables relations, jointes à une éducation rationnelle, à une culture vraiment morale des garçons et des filles, apprendront aux uns et aux autres à se connaître, à s'observer, à se juger et aussi, qu'on en soit bien convaincu, à se respecter mieux mutuellement. Elles faciliteront le mariage, devant lequel l'insuffisance des mœurs actuelles ou les vices de l'organisation économique dressent tant d'obstacles pour les jeunes filles, surtout dans les classes moyennes.

Notez que la liberté du choix n'exclut ni les conseils, et les enquêtes *approfondies* des parents, toujours indispensables, ni la nécessité de leur consentement pour les mineurs.

L'usage des longues fiançailles devrait être répandu. A tout prendre il vaut mieux s'exposer à rompre des fiançailles qu'à rompre le mariage conclu ou à le rendre intolérable.

Ce n'est pas uniquement quand elle choisit ou accepte le *mari,* que la femme doit *vouloir* ce qu'elle fait, c'est encore quand elle se décide au *mariage.* Pour vouloir il faut qu'elle sache. Il faut qu'éclairée par un enseignement positif qui ne sera jamais séparé de la considération des fins humaines, elle soit instruite en temps utile avec le sérieux qui convient au sujet, mais sans puériles dissimulations, de toutes les réalités du mariage, qu'elle en connaisse les conséquences et les risques moraux ou physiques. C'est une erreur de croire que le *savoir* nuit à la pureté de la jeune fille, à laquelle les positivistes tiennent autant que les plus exigeants. Il en est au contraire une sauvegarde. Bien mieux que l'ignorance il la défend, si besoin est, contre les manœuvres d'un libertinage masculin sans scrupule ou contre les surprises de la passion.

La communauté totale de vie entre l'époux et l'épouse exige la similitude de la culture préalable.

Similitude ne veut pas dire identité. Mais qui ne voit combien d'unions sont viciées à la racine par le divorce mental et religieux des deux sexes ? L'édu-

cation de l'homme et celle de la femme sont encore
trop souvent contradictoires : celle-là de plus en
plus révolutionnaire, celle-ci presque toujours rétro-
grade. Comme l'esprit viril, la pensée féminine a
besoin d'être affranchie des chimères qui oppriment
et qui divisent, d'être réglée par une discipline positive, d'être nourrie de notions réelles sur le monde,
sur la vie, sur la société et sur la destination de
l'activité humaine. Comme le cœur féminin, le
cœur de l'homme a besoin d'être formé par une
culture intelligente de la vénération et de la bonté.
Aujourd'hui la guerre civile des idées et des sentiments est installée en maint foyer; et c'est sous
l'action de cette guerre civile qu'est tiraillée, écar-
telée l'âme de l'enfant qui grandit !

Il faut déplorer de voir tant de calculs égoïstes et
de combinaisons frivoles, sans compter la trop
courte sagesse de parents pleins d'une sollicitude
tendre mais malavisée, remplacer dans la formation
des mariages non seulement l'amour, qu'on n'en
écarte pas impunément, mais un ensemble de con-
cordances physiques, intellectuelles et morales de
première nécessité. Il est vain, sans doute, de ne point
envisager toutes les exigences pratiques de la vie
commune. Mais la plus impérieuse des exigences
pratiques est de ne pas ruiner par avance la santé,
le bonheur, la moralité, la vie des futurs époux et
des enfants qui pourront naître d'eux.

On commence à être plus regardant aux tares
physiques ; et pourtant il reste encore beaucoup à

faire pour empêcher la consommation, sous les auspices de la loi, de véritables crimes contre le corps de la femme et contre la vie de l'enfant futur. Mais combien les enquêtes sont superficielles sur les antécédents moraux!

Si l'amour, j'entends le noble amour humain, doit réunir les époux, le mariage ne doit pas plus être le simple effet d'un entraînement des sens ou de l'imagination, d'un coup de passion, que le résultat d'un arrangement de cupidités, de vanités et d'ambitions.

Il faut croire qu'en s'inspirant des idées qui viennent d'être trop sommairement exprimées, on éviterait bien des malheurs, bien des ruines morales.

Grâce au mariage civil, précieuse conquête de la Révolution française, l'homme et la femme, sans acception de croyance ou d'incroyance, sont unis en mariage par le représentant légal de la Nation, considérée comme partie dans l'acte accompli et non pas seulement comme témoin enregistreur. Les disciples d'Auguste Comte veulent que cette intervention nécessaire de la Loi puisse être suivie d'une consécration facultative, religieuse au sens scientifique et moral du terme, donnée au nom de l'Humanité présente, passée et future, dont la famille nouvelle devient un élément consciemment solidaire.

Unis, les époux sont liés l'un à l'autre par des devoirs graves et doux.

— *Les époux se doivent mutuellement fidélité, secours, assistance.* (Code civil, art. 212.)

Le principe de la réciprocité des obligations conjugales est ici formulé. L'application en laisse ailleurs quelque peu à désirer ; mais un principe posé finit toujours par produire ses conséquences.

Au reste, nos mœurs, à certains égards, retardent sur la loi. Car, sans nier que l'infidélité de la femme trouble plus gravement que l'infidélité du mari la constitution de la famille et par suite l'ordre général, on est choqué du contraste entre la sévérité appliquée à l'épouse coupable et la souriante indulgence dont on use envers les manquements masculins à la foi jurée, sans prendre garde ni à la souffrance souvent cruelle, ni au désordre social qui en sont les fruits.

La prétention émise par M. Hervieu de légiférer sur *l'amour* et de lui donner place dans l'article 212 du Code civil français fait justement sourire. Mais on ferait bien d'y introduire l'obligation du *respect* égal et réciproque ; la chose serait plus grosse de conséquences qu'on pourrait le croire.

L'article 213 prescrit au mari de protéger sa femme et l'article 214 « de lui fournir tout ce qui est nécessaire pour les besoins de la vie selon ses facultés et son état ». On sait comment dans la bourgeoisie les hommes se dérobent à cette obligation et à quelques autres, soit en subordonnant le mariage à l'obtention d'une riche dot, soit en ne se mariant point. On sait aussi comment dans le prolétariat l'insuffisance ou la précarité des salaires et l'exploitation industrielle de la femme font radicalement échec à la règle positiviste, en même temps qu'au vœu de la loi : « L'homme doit nourrir sa femme ».

Par contre, le même article 214 prescrit à la femme de « *suivre son mari partout où il juge à propos de résider....* » et l'article 213 lui avait déjà ordonné « *l'obéissance à son mari* ».

C'est le principe de ce qu'on appelle « *la puissance maritale* ». Le Code civil français en consacre des applications nombreuses et rigoureuses.

Il faut s'en expliquer brièvement.

Rien n'est plus conforme aux meilleurs penchants de la femme que de se subordonner spontanément à l'être plus fort qu'elle aime et en qui elle a mis sa confiance. Et la question de dignité ne se pose même pas pour elle, si cette subordination demeure volontaire et si le domaine de la conscience reste, non pas fermé, mais réservé.

S'il s'agit de soumission imposée par la loi, une distinction est nécessaire.

Plusieurs dispositions du Code et plus d'une pratique confèrent au mari un droit de commandement sur la personne de la femme, un droit de véto sur l'emploi de ses facultés, sur la gestion de son patrimoine propre, sur l'exercice même de sa fonction maternelle, au-delà de ce qu'exigent les obligations du mariage et de la vie commune, — sans réciprocité d'ailleurs. Ces dispositions et ces pratiques, vestiges des idées romaines sur l'incurable incapacité, sur l'éternelle minorité de la femme, et même du droit plus antique de propriété de l'époux sur le corps, sur l'âme et sur le travail de l'épouse conquise, achetée ou reçue en héritage, appellent une révision sérieuse.

Mais il est un autre aspect de la question. L'union conjugale, noyau de la famille, est une société. Or, il n'est pas de société sans un *siège commun* et sans un *gouvernement des affaires communes*.

Le mariage ne se conçoit pas sans un commun domicile. Il est naturel qu'à défaut d'un choix commun, toujours désirable, la résidence et l'habitation du couple soient choisies par celui des deux époux à qui incombe au premier chef la charge de faire vivre et prospérer la famille. Ce qui n'est pas admissible, c'est que ce choix soit sans appel dans tous les cas, que le mari puisse contraindre la femme à le suivre même dans les endroits où la vie, la santé, la moralité, l'honneur seraient en péril. Ici apparaît la nécessité d'un recours possible à une magistrature sociale contre l'abus de pouvoir du mari, qui doit être un chef, mais non un maître.

De même, sans aborder ici l'étude du régime matrimonial quant aux biens, tel qu'il est réglé par notre Code, il faut reconnaître que la gestion des choses communes et des revenus communs réclame à chaque instant dans l'intérêt de la famille l'accord des époux toutes les fois qu'il est possible et, faute d'accord, les décisions de l'un des conjoints. Il en est de même de mainte autre détermination pratique, en dehors des questions de propriété. D'autre part, la petite société n'est pas isolée. Elle est en contact, quelquefois en conflit, avec les tiers. Il lui faut un gérant responsable.

Ce *gouvernement temporel de la communauté,* cette *gérance responsable* reviennent, par la nature des choses, à celui des deux conjoints qui possède plus spécialement, dans la plupart des cas, la force matérielle et la force du caractère, qui est mieux armé pour les relations extérieures, qui est mieux fait pour soutenir les luttes éventuelles, qui a l'obligation d'assurer l'entretien, la défense et l'avenir de la famille, — c'est-à-dire *au mari*. Ici encore, quand la décision du chef peut engager gravement l'avenir commun, un recours devrait être ouvert à la femme auprès d'une magistrature sociale.

Mais il est, par exemple, une iniquité qui doit disparaître promptement. Il est odieux que, lorsque la femme mariée vit et même fait vivre les enfants, parfois l'homme aussi, de son propre travail, le mari puisse, sous prétexte qu'il est l'administrateur de la communauté, disposer du fruit sacré de ce travail à sa guise, même s'il est ivrogne, joueur ou débauché !

Il va de soi qu'en tout ce qui vient d'être dit il faut toujours sous-entendre une préalable consultation mutuelle. Celle-ci devrait rendre la voie d'autorité le plus souvent superflue.

Assistance matérielle, — assistance morale ; — ces

deux termes, à les bien entendre, résument l'office conjugal.

Qui dira de quels trésors affectifs s'enrichit l'attachement de la femme à son mari, comment, par exemple, il y entre, à côté de *l'amour*, de si douces nuances de dévouement filial et de si charmantes variétés de sollicitude maternelle ? Mais qui ne voit aussi comment cette richesse risque d'être dépensée à côté sans l'indispensable adaptation intellectuelle et pratique qui permet à l'épouse de comprendre et d'être comprise, de vouloir et de savoir ce qu'il faut faire, *d'assister* réellement ?

Assister, c'est prodiguer, avec les soins matériels, les bienfaits journaliers de cette sympathie active et avisée qui encourage, soutient et récompense avant, pendant, après le labeur. C'est partager les joies et les tristesses d'une certaine manière qui double le prix des unes et adoucit l'amertume des autres ; c'est, dans les revers, rendre la consolation efficace en y déposant le germe de l'espérance et des recommencements.

Dans l'ordre moral, le rôle de l'épouse acquiert toute sa grandeur : oui, sa grandeur, compatible avec les situations les plus humbles comme avec les plus hautes.

Auguste Comte nous a invités à « concevoir la « famille comme destinée à développer dignement « l'action de la femme sur l'homme ». (*Politique positive*, tome II, ch. 3.) Il a même écrit que « la « constitution domestique se réduit à systématiser

« cette action ». (*Id., ibid.*). Vue profonde ; car on ne soulignera jamais assez le rapport qui existe entre la valeur sociale de la famille et la qualité de l'influence exercée par les mères sur les fils, par l'épouse sur l'époux.

C'est d'un véritable *ministère spirituel* que le mariage investit la femme. Il institue par elle la douce discipline de la grâce sur la force, du sentiment et de la sagesse pratique sur l'orgueil intellectuel. Sans énerver le caractère de l'homme, il apprivoise la personnalité masculine et l'utilise pour les fins altruistes.

— Mais c'est un idéal, cela — dira-t-on. — C'est, répondrai-je, un type, au moins partiellement réalisé plus souvent qu'on ne croit, dans tous les cas réalisable, puisqu'il est conforme aux lois réelles de la nature humaine, qui est perfectible, et de l'évolution sociale.

Songez que le phénomène moral le plus exquis peut s'incorporer aux actions les plus vulgaires, revêtir des formes quelconques, même triviales. Songez que le cœur et le sens pratique de la femme peuvent modifier heureusement la conduite masculine dans le cercle de la vie la plus étroite et pour des résultats obscurs qui ne seront jamais ni chantés par les poètes, ni célébrés par la chronique, ni récompensés par l'Académie. La grâce elle-même, que j'ai nommée, peut être indépendante de toute beauté physique.

Les positivistes se feraient scrupule de proposer

un idéal inaccessible à d'autres qu'à des privilégiées.

La femme doit pouvoir s'appuyer sur la force du mari, par quoi il faut entendre la force de la raison autant que sur la force du bras et de la volonté. Mais elle lui doit, et par lui à la communauté, de faire pénétrer en lui, sans le déviriliser, le plus possible de sa tendresse, de son sens plus délicat et plus aiguisé de la vie concrète des êtres.

Il est nécessaire qu'au courage et à la fierté de l'homme, à sa conception abstraite de la justice, à sa bienveillance si éprouvée par les batailles de la vie, s'ajoute ce que la femme possède en plus de douceur, de vénération, de pitié, de réalisme sentimental aussi, pour compléter la *conscience morale,* pour achever la bonté, pour réaliser *toute* la justice.

Il existe sans contredit des causes passionnelles ou intellectuelles de faiblesse morale, de défaillance, qui sont propres à la femme ; en raison de quoi sa conscience doit trouver dans la conscience de l'élu le désirable secours. En revanche, les impulsions de l'égoïsme et de l'orgueil masculins, surexcités par la lutte pour la vie ou pour la domination, ou bien l'entraînement du sophisme théorique, peuvent être plus d'une fois arrêtés par un mot, par un geste sortis à propos du bon cœur et du bon sens de la femme.

Le ministère spirituel de la femme dans le mariage sera d'autant plus efficace qu'elle mettra mieux l'amour au service du devoir, du devoir domestique et du devoir social.

Pour le bien remplir il faut sans doute que l'épouse aime et soit aimée. Il faut, en outre, qu'elle ait été préparée à être, qu'elle veuille et sache devenir vraiment la compagne, l'« associée », celle qui n'est étrangère à rien de l'existence du mari, celle qui, par le cœur et par l'esprit, est de compte à demi dans les émotions et dans les pensées, dans les résolutions et dans l'effort, dans les projets, dans les rêves même comme dans les épreuves.

A cette condition s'établira dans le mariage, sans aliénation de la personne, une réelle communauté de vie et de conscience en pleine sympathie et en parfaite sincérité.

IV

Maternité.

Toutes les fois que l'on songe aux souffrances, aux risques, aux périls inséparables de la maternité, on se demande s'il peut lui être jamais assez rendu de respect, d'égards et de gratitude. La considération des grandes joies qu'elle procure n'est pas pour diminuer au regard des hommes les obligations qui lui sont dues. Heureuse, elle est pour la femme une victoire. Mais la victoire est toujours précédée d'un combat qui ne se livre jamais sans douleur et sans danger et dont l'issue est quelquefois fatale. On a bien raison d'honorer le soldat qui succombe à la guerre pour son pays, quoi qu'il meure en donnant la mort. La femme meurt parfois, hélas ! pour donner la vie.

La maternité est une fonction toujours éminente de la femme. Elle est d'autant plus auguste que la maternité physique s'achève mieux en maternité morale. Elle trouve souvent, elle devrait trouver toujours sa récompense en elle-même. Elle est normalement pour la femme une fonction nécessaire, deux fois nécessaire comme répondant à un besoin organique très profond et à un besoin affectif très énergique. Si des femmes, par exception, y sont impropres ou y répugnent, si d'autres en subissent la privation, les deux premiers cas relèvent de la pathologie physiologique ou morale, le troisième, effet trop fréquent soit d'une fatalité malheureuse, soit d'un désordre social, peut engendrer plus d'un désordre à son tour et plus d'une maladie.

La maternité est la source de multiples devoirs de la femme envers l'enfant, de l'homme et de la société envers la femme à cause d'elle-même et à cause de l'enfant encore.

La femme n'a pas seulement des devoirs envers l'enfant qui est né d'elle ou qu'elle porte dans son sein. Elle en a envers les enfants qu'elle peut concevoir un jour.

L'homme et la société n'ont pas seulement des devoirs envers la mère actuelle, envers les enfants nés ou conçus. Ils en ont, et combien graves ! envers les maternités futures, possibles.

Toute jeune fille doit être élevée, toute femme doit être traitée comme une mère éventuelle. D'où toute une hygiène physique, morale, intellectuelle, qui s'impose et qu'il importe d'assurer à la future femme d'abord, puis à la femme faite.

L'ignorance, les mauvaises mœurs, les fâcheuses routines ou de fausses conceptions du progrès, les vicieuses conditions de notre état social en privent trop de jeunes filles et de femmes.

Il est clair, par exemple, que ni la servitude industrielle de la femme, avec la déformation du corps et de l'âme qu'elle entraîne, ni la vie mondaine avec son mélange d'oisiveté déprimante et de dissipation stérile, ni le surmenage cérébral avec la débauche d'examens, de concours et de concurrences qui sévit et la fièvre d'ambition ou de vanité qui en résulte, ne sont une merveilleuse préparation pour les fonctions et pour les devoirs de la maternité.

Il n'y a pas bien longtemps que l'on songe sérieusement à épargner le travail extérieur à la femme au moins pendant le dernier temps de la grossesse et durant un suffisant délai après les couches.

Le souci des générations à venir entrera pour une part croissante dans la morale personnelle, autant que dans la morale intersexuelle ou sociale. D'où un ensemble d'obligations envers le corps et envers le cerveau de la femme, que la morale positive, assistée par les médecins, précisera de plus en plus.

C'est aux médecins qu'il faut passer la plume pour dénoncer sans réticences les méfaits que la légèreté, l'inconscience passionnelle, une sensualité malsaine, une brutalité grossière, parfois une totale absence de scrupule, ou seulement l'ignorance, font consommer sur la femme et, par elle, sur l'enfant. Ils sont nombreux, même en dehors des ravages criminels de l'alcoolisme ou de l'*avarie*.

Sur la grave question de la procréation humaine, ne soyons pas dupes des sophismes de l'égoïsme qui se pare du nom de prévoyance ; mais gardons-nous d'ériger en vertus l'imprévoyance envers le sort des enfants ou l'insouciance envers la santé de la femme. Le tout n'est pas de mettre beaucoup d'enfants au monde. La grande affaire est de faire vivre ceux que l'on jette dans la vie, de les conserver, de les élever, d'en faire des hommes et des femmes, le plus utiles et le plus heureux ou le moins malheureux possible, qui à leur tour continueront l'humanité.

Qu'un tel intérêt soit livré au pur instinct, c'est ce que la morale humaine admettra de moins en moins. Elle n'admettra pas davantage que la volonté d'un seul en décide. Il importe que la maternité soit vaillamment, joyeusement, mais librement acceptée par celle qui en assume les risques et les devoirs.

— Comment passer sous silence la maternité hors du mariage ? Les positivistes pensent que le mariage seul, par les liens étroits et non précaires qu'il consacre entre le père et la mère, assure à la fonction maternelle la sécurité et l'autorité qui lui sont nécessaires.

Ils estiment, avec la sagesse commune, que l'inté-
grité jusqu'au mariage est pour la femme, en même
temps que sa meilleure défense, un capital moral dont
elle ne se dépouille pas sans se diminuer au grand
dommage d'elle-même et des autres. Ils ne glorifient
donc pas la maternité dite « naturelle », ni ne la
mettent sur le même rang que la maternité légitime,
ni ne méconnaissent aucun des dangers qu'elle fait
courir à la femme et à l'enfant.

Mais ils jugent odieux de la flétrir. Il n'y a jamais
de déshonneur à *être mère*. Si la faute est dans la
conduite qui a pu amener la maternité « naturelle »,
— avec quelles circonstances atténuantes bien souvent ! — elle n'est jamais dans la maternité même.
Au contraire, la maternité, quand les devoirs en sont
remplis, est pour la fille-mère le moyen de racheter
sa défaillance.

Combien d'hypocrisie, chez un monde si indulgent
pour les débordements que couvre le mariage ou
pour les débauches stériles, dans les mépris dont on
accable la fille-mère ! Réservons nos plus grandes
sévérités pour le séducteur sans scrupule, pour le
père qui fait banqueroute à toutes ses obligations, et
réclamons une fois de plus l'abolition des dispositions
de notre Code qui, rétrogradant sur la jurisprudence
de l'ancien régime, ont interdit la recherche de la
paternité.

— La maternité n'est complète que si elle comprend
l'éducation. L'éducation est une maternité morale.
Elle l'est, au plus haut degré, dans l'adoption, qu'il

faudra bien se résoudre à faciliter comme un moyen de remédier à plus d'une détresse particulière et à quelques anomalies sociales.

L'éducation maternelle commence dès la gestation. Elle continue avec l'allaitement, — par l'allaitement toutes les fois que c'est possible. Les applications physiques et morales, la durée et les effets en sont indéfinis.

Auguste Comte a demandé pour la mère la « surintendance de l'éducation ».

Il n'entendait point par là dispenser le père de la part qui lui revient dans la tâche commune de former une génération nouvelle. A vrai dire, l'éducation suppose la collaboration effective d'un homme et d'une femme. La part du père est capitale dans la direction générale, dans le rappel des buts sociaux de l'éducation, dans l'autorité qu'il doit exercer pour appuyer l'action maternelle, dans les décisions qui réclament une plus froide raison et une volonté plus ferme. Sa part reste encore grande dans l'action directe sur l'esprit, sur le caractère et sur le cœur de l'enfant.

Mais la mère est de toutes façons plus près de l'enfant que le père. Elle seule est ou peut être en contact permanent avec lui. Mieux que le père elle a le goût de le suivre, de l'observer jusque dans ces infiniments petits de sa vie qui ont tant d'importance. Elle le comprend mieux, parce qu'elle a davantage la curiosité de son existence concrète et parce qu'elle ajoute à la perspicacité de l'esprit les divinations du cœur. Elle pénètre la jeune âme de toute la force de sa tendresse. Elle a la main légère pour toucher aux choses délicates. Moins distraite par les obligations de la vie extérieure, elle est... ou du moins elle devrait être beaucoup moins empêchée d'appliquer son constant effort à une tâche qui exige la vie intérieure et la continuité.

Pour ces raisons et parce que l'action du père ne peut être qu'intermittente, le rôle éducateur de la mère est ou doit être, tout compte fait, prépondérant.

La surintendance maternelle de l'éducation n'exclut pas *l'enseignement* extérieur.

Un jour viendra où toutes les mères pourront communiquer à leurs enfants les connaissances primaires, comme elles communiquent déjà aux tout petits la langue si bien dite *maternelle*. Mais l'instruction théorique des adolescents nécessitera toujours une initiation extérieure et collective. Pour tous les âges l'éducation pratique des sentiments et de la conscience sera le domaine des mères par excellence. Leur contribution devra s'accroître sans cesse dans la culture esthétique, dont le chant et le dessin sont les bases universelles. Enfin, de mieux en mieux préparées, elles ne seront étrangères à aucun des enseignements reçus au dehors. Elles peuvent devenir des *répétitrices* incomparables.

Mais l'enseignement, y compris l'instruction domestique et ménagère des filles, n'est qu'une partie de l'éducation. *Élever*, c'est former dans l'enfant l'*homme* ou la *femme* de demain, l'adapter graduellement aux conditions réelles de la vie, à sa destination totale ; c'est le préparer à servir la famille, la patrie et l'humanité ; et c'est aussi mettre en lui toutes les chances de bonheur qui peuvent dépendre de la prévoyance humaine. Pour cela, il s'agit de lui faire de la santé, de bons organes, du sang et des muscles, de soumettre à une gymnastique judicieuse ses sens et ses mouvements, d'exercer en le ménageant son jeune cerveau, de surveiller et de cultiver ses penchants et son cœur, de fortifier et de discipliner son caractère, de lui donner des habitudes d'abord d'obéissance, puis de réflexion et de progressive responsabilité. Mais combien cette éducation des enfants exige l'éducation des mères !...

— La mère éducatrice devra être davantage associée à la *puissance* paternelle, mieux appelée *autorité* paternelle. Cette autorité légitime est une fonction fondée non plus sur un droit de propriété, mais sur un devoir de protection et d'éducation. Aussi, tout en lui laissant la force et la liberté nécessaires, ne saurait-on l'affranchir du contrôle social. Dans la plupart des cas, elle implique des mesures rapides pour lesquelles le concert sans effort des deux parents est toujours désirable. S'il fait défaut, la décision appartient au chef responsable qui est le père ; car on ne peut gouverner la famille avec deux volontés qui s'annuleraient. Mais les mœurs domestiques devront étendre la participation réelle de la mère à toute les résolutions qui intéressent l'enfant et fortifier l'efficacité de son conseil dans la délibération commune.

Cependant les positivistes n'admettent que des autorités relatives et limitées. D'ailleurs, la conception absolue de la puissance paternelle est entamée de divers côtés, — par la législation elle-même, dont l'œuvre n'est pas achevée. Notre loi du 24 juillet 1889 sur les enfants moralement abandonnés et des lois analogues, à l'étranger, ont montré ce qui peut être fait avec prudence. Il reste à faire. Il n'est pas excessif de demander que des actes graves de « puissance » qui peuvent avoir une influence décisive sur tout l'avenir de l'enfant ne soient pas accomplis par la volonté du père seul, *sans appel*. Par exemple en matière de détention par voie de correction paternelle et de consentement au mariage, pourquoi ne pas ouvrir à la mère les interventions et les recours utiles devant une magistrature assistée d'un conseil de famille ?

V

Ménage et Foyer.

Bien que la vie domestique ne comporte pas une application trop rigoureuse de la division du travail, le *ménage* est, par excellence, un des départements de l'activité féminine, — et non des moindres.

Le ménage, ce n'est pas seulement le gros ouvrage du logis : la cuisine et ses accessoires, les travaux de propreté, l'entretien du vêtement, etc. C'est cela, mais bien autre chose encore.

C'est d'abord l'administration de la maison, l'*économie* au sens grec du mot. L'emploi des ressources communes, souvent trop maigres, qui peuvent être affectées aux besoins journaliers de la famille, en est une partie essentielle.

Avec quelle sollicitude avisée, avec quelle attention soutenue ces ressources doivent être non-seulement utilisées pour le mieux, mais *ménagées !* Ménagées si elles sont suffisantes, si même elles sont abondantes ; car il faut sónger à l'imprévu de demain, aux exigences d'un avenir proche ou éloigné. Ménagées encore plus et parfois défendues jalousement contre tous, contre le mari lui-même, si elles sont trop courtes. Tout ce que la femme peut avoir de tendresse inquiète, de prudence obstinée, n'est pas de trop pour remplir cet office. Pour combien de mères de famille le problème de l'équilibre quotidien des recettes et des dépenses apparaît redoutable, gros d'angoisse, quand il n'apparaît pas, hélas ! insoluble ! Quel labeur du cerveau, quel souci, quel tourment pour des légions de femmes dans le prolétariat et dans la petite bourgeoisie !

Le ménage, c'est la santé de tous les êtres chers entretenue par les soins personnels et par l'hygiène du logis. Il y faut avant tout de l'amour et du dévouement ; il y faut aussi des connaissances et la volonté de les appliquer. Mais la tâche est maintes fois rendue plus que difficile soit par l'extrême pauvreté, soit par les conditions navrantes de l'habitation elle-même !

Le logis a besoin d'espace, d'air, de lumière, de chaleur, de cette propreté des choses si nécessaires à la propreté du corps et même à la propreté de l'âme. Il a besoin en outre de décence et d'un peu de gaîté. Il doit être l'*intérieur* où se réconfortent ceux qui travaillent et qui luttent, celles qui peinent, où s'approvisionnent de vouloir-vivre, de force et de chaleur d'âme les petits qui seront grands. L'arrangement de la maison et l'arrangement de la vie dans la maison, les dispositions ingénieuses qui, du logis le plus humble, peuvent faire un intérieur plaisant, rentrent dans l'art de la ménagère.

Souhaitons que dans les couches les plus profondes de nos sociétés cet art utilise l'*art* proprement dit. Ses manifestations les moins coûteuses ne sont pas toujours les moins propres à introduire dans l'existence la plus terre-à-terre un peu de cette poésie qui ajoute à la joie et qui aide à souffrir.

De cette poésie, la femme peut mettre quelque chose jusque dans les travaux les plus vulgaires du ménage, en proportion de ce qu'elle y met de ses affections.

Cependant ces travaux-là sont souvent rudes, et ils imposent de réelles fatigues soit aux femmes de la famille qui les exécutent elles-mêmes, soit aux domestiques à qui ils sont confiés. Dans les deux cas ils commandent les égards, la gratitude et tous les ménagements possibles.

La maîtresse de maison qui a des domestiques doit savoir à la fois les diriger et les traiter avec justice et humanité, fraternellement. Son éducation aura dû l'y préparer, mais la préparer aussi à se passer, s'il le faut, de cette assistance.

Il est à désirer que les progrès accomplis ou à réaliser dans l'industrie, dans le commerce de détail et dans l'habitation réussissent à réduire ou simplifier le gros ouvrage de la ménagère, afin d'épargner ses forces et de la rendre plus disponible soit pour les parties supérieures du ménage, soit pour toutes les autres tâches féminines.

Mais, loin d'éloigner les femmes du ménage, préparons un état social dans lequel toutes les femmes auront le moyen d'être tout à fait ménagères. Cela suppose qu'elles ont un *foyer*.

Que les mères de famille au moins ne soient pas forcées de travailler hors de la maison pour vivre et faire vivre les leurs ! C'est là pour les positivistes un vœu *minimum*. Quoiqu'il soit *minimum*, je sais bien qu'il ne sera pas exaucé tout de suite. Mais tâchons tout de même de hâter le pas vers un régime moins anti-social, vers des mœurs moins inhumaines.

VI

La Femme et le Divorce.
Le Veuvage.

Quiconque s'est assez pénétré des idées que les positivistes se forment sur le mariage et sur la famille ne s'étonnera pas de leur attitude sur la question du divorce. Fidèles à leur méthode, aux directions essentielles de la sociologie et de la morale positives, ils attachent un très haut prix à la fixité comme à l'unité du lien conjugal. Ils n'ont pour cela que des raisons d'ordre scientifique, humain, social ; mais ces raisons leur suffisent. Fermes dans leurs principes, relatifs dans l'application, ils ne repoussent pas les exceptions à la règle de la perpétuité de l'union librement consentie, quand elles sont reconnues indispensables et si elles sont limitées de manière à n'être pas destructives de la règle. Ce qu'ils repoussent, c'est *le divorce facile*, celui dont l'extension abusive est inséparable de l'usage, celui dont les répercussions malfaisantes sont indéfinies, celui qu'on a nommé « une polygamie successive ».

Cette question du divorce veut être avant tout bien posée.

Il ne s'agit pas d'imposer par la force à un être

humain une cohabitation et une intimité de rapports devenues réellement intolérables. La séparation de corps a pour but d'empêcher ce qui serait une forme d'esclavage. Peut-être même que, si le régime de la séparation avait été plus libéralement réglé, la campagne pour le divorce, tel qu'il est compris, se fût trouvée moins armée.

Ce qui caractérise le divorce, c'est la liberté donnée aux époux, non seulement de vivre entièrement séparés, sous des condition légales que l'on peut faire très libérales, mais de contracter chacun un nouveau mariage. La question qui se pose est donc de savoir dans quels cas la société qui a consacré l'union d'un homme et d'une femme peut, sans porter une grave atteinte à l'institution même du mariage et à ses fins sociales, consentir à consacrer une nouvelle union de chacun des époux du vivant de son premier conjoint.

Si l'on admet la théorie purement individualiste du mariage, c'est très simple. Car en bonne logique on doit alors admettre, en même temps que le divorce pour causes définies, le divorce par consentement mutuel et même, puisqu'il s'agit d'un engagement de la personne sans durée déterminée, le divorce par la volonté d'un seul ou pour incompatibilité d'humeur. Une seule considération sépare les défenseurs de cette thèse des partisans de *l'union libre* : c'est celle de la publicité et de l'authenticité à donner à l'union dans l'intérêt matériel des enfants, — que l'on croit ainsi sauvegarder, — et dans celui des tiers.

Mais cette théorie du mariage n'est pas celle des positivistes.

« — Cette union fondamentale, dit Auguste Comte,
« ne peut atteindre son but essentiel qu'en étant à
« la foi exclusive et indissoluble. Ces deux caractères
« lui sont tellement propres, que les liaisons illégales
« tendent elles-mêmes à les manifester.... Aucune
« intimité ne peut être profonde sans concentration
« et sans perpétuité, car la seule idée du changement
« y provoque.... »

Toutefois notre philosophe écrit plus loin : « L'es-
« prit sagement relatif du Positivisme lui permet
« d'accorder, sans aucune conséquence énervante,
« des concessions exceptionnelles qu'interdisait le
« caractère nécessairement absolu de toute doctrine
« théologique. Une telle philosophie peut seule conci-
« lier l'indispensable généralité des diverses règles
« morales avec les exceptions motivées qu'exigent
« toutes les prescriptions pratiques ». (*Polique positive : Discours préliminaire*, chap. IV).

La règle est nettement énoncée et « les exceptions »
sagement prévues.

Peu importe qu'en fait Auguste Comte, avec ce
besoin d'ordre et de stabilité qui était si profond chez
lui, ait restreint à l'excès le champ de l'exception. Ses
disciples, mettant à profit l'expérience des misères
humaines, peuvent faire de sa pensée une application plus large, plus souple, plus adaptée à la complexité des faits.

Il est toujours dur de refuser à l'homme ou à la

femme dont le premier mariage a été un malheur, surtout si ce malheur a été immérité, la possibilité de former, avant la libération par la mort, une nouvelle union régulière et de reconstruire son foyer. Cette rigueur devient inique si elle est étendue au-delà de ce qui est nécessaire pour éviter de plus grands maux, c'est-à-dire l'altération grave du mariage, la fragilité généralisée des unions, la désorganisation progressive de la famille, un désordre social générateur indirect, mais sûr, d'une quantité indéfinie de souffrances humaines, au premier rang desquelles il faut compter d'indicibles souffrances d'enfants.

Le danger, c'est *le divorce facile,* dont les causes admises sont telles que l'extensibilité en est indéterminée, que la simulation en est toujours possible, qu'elles peuvent toujours être provoquées ou préparées, soit par une collusion, soit par l'abus d'autorité ou le machiavélisme d'un seul.

Ce que de telles facilités ont de funeste pour les enfants, que le divorce voue aux pires détresses, est trop évident pour qu'il faille y insister. S'il n'y a pas d'enfants, il reste deux victimes à considérer.

La première est l'institution du mariage sur laquelle le divorce facile exerce une répercussion désastreuse. Et il ne s'agit pas seulement du mariage abstrait ; il s'agit d'un nombre indéfini de mariages concrets dont la solidité est par avance compromise par les suggestions d'une loi trop complaisante. Alors que la perspective de la simple séparation manque de charme pour peu que la vie commune reste supportable, celle du divorce et des recommencements qu'il promet est grosse de tentations. Si le ciel est toujours serein, pas de danger ; mais au premier nuage, au premier orage surtout, la tentation agit comme un dissolvant. Telle passion sans espoir de satisfaction légitime qu'un effort d'honnêteté aurait maîtrisée à temps, tel calcul honteux dont la pensée fugitive se serait évanouie faute d'aliment, prendront corps, grandiront, si pour eux s'entrevoit une vague issue. Il suffira que les occasions se présentent et que les moyens se précisent pour que se produise la catastrophe.

De là, du reste, à faire du divorce un jeu et du mariage une dérision il n'y a qu'un pas. Il est des milieux où il a été franchi. Ce qui explique, même dans des pays très individualistes, de vigoureuses réactions. Une semblable réaction est nécessaire dans notre pays, bien que l'abus, déjà fort et grandissant tous les jours, n'y ait pas encore atteint son extrême degré. Chez nous, d'ailleurs, la perspective du divorce facile est venue s'ajouter aux causes diverses qui mettent tant d'imprévoyance et de légèreté dans la formation de nombreux mariages.

L'autre victime est la femme. Le divorce facile n'est pas en faveur de la femme.

On peut toujours citer des cas où le divorce apparaît, pour la femme mal mariée et restée, très jeune, veuve d'un époux vivant, comme réparateur. De pareils faits ne sont pas niables. Mais on ferme trop les yeux sur la contre-partie. La contre-partie, ce sont les mille moyens donnés à l'homme dominé par une passion parfois tardive, dont l'objet se refuse en dehors de la garantie légale, ou tenté par l'appât d'une plus riche dot, ou tourmenté d'une ambition qu'un mariage plus reluisant peut favoriser, de se débarrasser de la femme qui a cessé de plaire, qui a vieilli avant lui, qui contrarie ses orgueilleux projets ou ses égoïstes calculs. Les exemples ne manquent pas.

· La vérité générale, c'est que la femme est plus que l'homme intéressée à la stabilité du mariage. Tout ce qui compromet celle-ci, tout ce qui affaiblit l'institution, blesse ou menace la généralité des femmes. Elles sont atteintes comme mères en raison de tout ce que le divorce facile engendre de misères matérielles ou morales pour les enfants. Elles sont diminuées comme femmes en raison de ce qu'il leur ôte de défense contre l'homme et plus d'une fois contre elles-mêmes.

Cependant l'indissolubilité absolue du mariage conduirait à des conséquences absurdes et odieuses.

· Voici ce qui semble raisonnable.

D'abord, il serait sage d'admettre aux débuts du mariage une période *prudemment limitée,* pendant laquelle la loi donnerait une plus large ouverture aux demandes d'*annulation* en raison non plus seulement « d'erreurs dans la personne », mais encore *d'erreur grave sur certaines qualités essentielles,* physiques ou morales, de la personne. Il en devrait être de même s'il est argué d'une *réelle insuffisance de liberté* dans le consentement donné, surtout quand c'est en faveur de l'époux marié *en état de minorité*.

En second lieu, les dispositions de notre Code sur les effets de l'*absence* légale relativement au mariage auraient besoin d'être révisées. Elles devraient l'être dans un sens plus favorable aux nouvelles unions contractées de bonne foi, après un délai assez prolongé.

Enfin, le *divorce* proprement dit pourrait être autorisé à toute époque, mais seulement pour des causes vraiment graves, non susceptibles d'une extension élastique, le moins propres possible aux simulations ou aux préparations artificieuses. La trop commode rubrique de « l'injure grave », la comédie de la gifle reçue devant les domestiques, le scenario du constat en cabinet particulier ne sauraient suffire.

Les cas de divorce devraient être des cas de véritable *indignité,* résultant soit de la conduite de l'un des conjoints envers l'autre ou envers les enfants, soit de sa conduite générale. Comme la loi reconnaît des causes de déchéance de la puissance paternelle, elle reconnaîtrait des causes de *déchéance* de l'état de mariage. Ces causes seraient telles que celui des époux *contre* lequel le divorce serait prononcé en serait disqualifié devant l'opinion. Et il ne me semblerait pas excessif d'ajouter à ce déclassement moral certaines *incapacités* légales, au moins temporaires.

La formulation législative d'une telle conception serait dangereuse si elle était trop lâche ; et si elle était restrictive à l'excès, elle irait contre le but. Mais n'oublions pas qu'en ce domaine, quoi que fasse le législateur, sa prévoyance sera toujours en défaut, si elle n'est pas complétée par la sagesse des juges.

La séparation, dont le champ serait nécessairement plus étendu, subsisterait. Elle pourrait être mieux réglée dans ses effets.

Les proportions imposées à cet opuscule nous empêchent d'insister.

Mais on a bien compris que, pour un positiviste, le divorce, même sévèrement réglementé, ne sera jamais qu'un mal nécessaire, car l'ensemble de la morale positive tend à fortifier le mariage.

Auguste Comte a vu avec raison dans le mariage le moyen par excellence de systématiser le perfectionnement mutuel de chaque sexe par l'autre. Avec raison encore il a montré que la mort elle-même, dans les unions normales, ne devait pas mettre fin à cette action éducatrice que rien ne remplace. Dans d'admirables pages il a justifié sa recommandation morale, *qu'aucune obligation légale ne devra jamais sanctionner*, de perpétuer dans le veuvage, avec la fidélité au souvenir, l'unité du lien devenu subjectif. Les cas particuliers et certaines nécessités pratiques restent réservés.

TROISIÈME PARTIE

LE ROLE SOCIAL DE LA FEMME

I

La fonction générale de la femme dans la Société.

Dans une société dont, en dépit des survivances et des réactions partielles, des apparences ou des contradictions, la mentalité devient toujours plus positive et l'activité toujours plus pacifique, — où la considération d'un ordre purement terrestre et humain domine déjà la conduite privée et publique, — où la conscience morale demande de plus en plus à la solidarité, qui étend son domaine, et à l'altruisme, qui recule ses limites, la règle d'aujourd'hui et l'idéal de demain, — quel peut être le rôle *général* des femmes ? Quel peut-il être eu égard non seulement aux conditions et aux tendances de cette société, mais encore aux conflits et aux troubles qu'entraîne son évolution ?

Il consiste à former une *force morale* pour le règlement, en tout ce qui peut dépendre de la femme, des forces matérielles ou intellectuelles qui possèdent, se disputent ou sont en voie de conquérir le gouvernement des affaires humaines. Les femmes ne sont ni ne seront la seule force morale. Mais celle qui réside en elles s'est accrue à mesure que notre civilisation est devenue meilleure. Elle est peu de

12

chose en comparaison de ce qu'elle pourra être dans l'avenir.

C'est comme force morale, et non autrement, que les femmes peuvent exercer une action générale, *d'ensemble*, sur la vie sociale. La force morale qui leur appartient a d'ailleurs des caractères spécifiques, empruntés à la nature et à l'existence féminines. S'il importe qu'elle soit désormais dirigée par la connaissance générale de l'ordre naturel, elle consiste spécialement à favoriser la réaction nécessaire du cœur sur l'esprit, de l'amour sur tous les genres de force et d'orgueil, du concret sur l'abstrait, du bon sens sur le système. C'est bien là l'empire propre des femmes.

A mesure que s'accuse davantage l'inévitable déclin de la foi aux sanctions surnaturelles du devoir, la nécessité augmente de renforcer les ressorts humains de la moralité. Or, parmi les mobiles de la conduite, il en est dont la puissance croît en proportion du terrain perdu par la brutalité, par la grossièreté primitives. Au premier rang l'on doit placer chez les hommes l'amour et le respect des femmes, le besoin de leur plaire, le souci de leur jugement, la crainte d'être par elles mésestimé, repoussé. Du côté de la femme, si aux garanties obtenues pour sa personne, pour sa sécurité, pour sa fonction domestique élargie et grandie, s'ajoute le sentiment éclairé de l'influence qu'elle peut exercer sur la conduite masculine et de la responsabilité qui en découle, ce sera tout profit pour son affranchissement des faiblesses qui contrarient le libre cours de ses plus nobles penchants, pour sa propre moralité.

Au surplus la femme n'excelle pas seulement à communiquer à l'homme ce qu'elle possède en plus de sensibilité tendre et apitoyée, de dispositions vénérantes, de pénétration sympathique et compréhensive en la vie intime des êtres. L'avantage négatif qu'elle tient d'une moindre participation active aux conflits d'intérêts, d'ambitions et même d'idées la met, ou peut la mettre, en mesure d'opposer un peu plus de modération et d'équité aux calculs, aux entraînements, aux partis pris, voire au *summum jus* de l'homme. En outre, comme la femme sent très bien le prix des qualités plus spécialement viriles, telles que le courage et la force d'âme, en raison même de ce qu'elles sont complémentaires des siennes, elle sait, le cas échéant, les exiger chez l'homme, si l'impulsion irrésistible d'une affection exclusive et aveugle ne l'en empêche point.

Supposez maintenant que la généralité des femmes reçoivent une culture plus rationnelle. Elles seront mieux instruites des réalités du monde et de la vie. Leur esprit sera plus familiarisé avec les notions positives de loi et d'ordre général. Leur sociabilité y gagnera en impartialité comme en étendue, et dépassera plus aisément les limites de la famille pour remplir de son rayonnement la cité, l'humanité même. Leur altruisme, mieux averti de toutes les solidarités et de la liberté nécessaire, se montrera d'autant plus exigeant et raisonnable, sans rien perdre de ce que le sentiment féminin et maternel y met de plus chaud et de plus pressant. Dès lors, quelle force incomparable peut être l'influence des femmes au service de tous les devoirs sociaux et de la meilleure justice, comme de la plus grande bonté !

Pour qu'elle soit cela, en effet, il faut que la position des femmes dans la famille soit fortifiée et leur action, au-delà de la famille, facilitée.

Accroître toujours plus la valeur et faire sentir tout le prix de leur tendresse, de leur estime et de leur approbation, c'est à la fois leur intérêt et leur devoir. Obtenir qu'on les mérite par la bonne conduite privée et publique, c'est leur devoir encore ; et c'est leur meilleure victoire.

Inspiratrices, conseillères, juges de la conduite, — et d'abord éducatrices, — c'est avant tout par la réussite de leur mission au foyer que les femmes procurent à la société le bienfait de leur ministère moral. C'est par l'autorité conservée sur les fils et sur les filles qu'elles ont formés, c'est par la pénétration de l'âme fraternelle, c'est par l'action en retour sur le père lui-même, c'est enfin par toute la puissance et par toute la douceur de l'union avec l'époux qu'elles auront toujours leur principale prise sur les volontés et les actes dont l'ensemble compose la vie sociale.

Il y aurait quelque pédantisme à demander et quelque illusion à attendre que la jeune femme de demain ne considère le don de « sa main » que comme un prix de vertu à décerner. Mais, à mesure que s'améliorera la culture des jeunes filles, ne peut-on espérer que, tout naturellement, les délicatesses morales et même les exigences sociales du cœur féminin entreront pour une part croissante dans l'élection du fiancé ? L'amour n'y perdra pas ses droits pour cela. L'amour est devenu un sentiment trop complexe pour n'être pas susceptible d'évoluer encore. Il ne peut que s'enrichir, toujours un peu plus, d'affinités morales ; et, sans qu'il cesse d'être un don gratuit, il faudra davantage le *mériter*.

Cependant les moyens d'action sociale au service des femmes gagneront en force et en diversité. Auguste Comte concevait pour la femme de la plus modeste condition l'équivalent du « salon ». Il avait entrevu des mœurs plus fraternelles qui ouvriraient aux prolétaires les salons des vraies grandes dames. L'on peut voir d'autre part s'ébaucher et l'on verra se former de plus en plus entre hommes et femmes de tous rangs des groupements et des collaborations pour autre chose que le plaisir, les distractions mondaines et les spectacles. Le contrôle moral de l'homme par la femme appelle des organes variés que le besoin créera et que les mœurs consacreront. Ainsi se multiplieront, dans une atmosphère de confiance et de sincérité, des relations aussi honnêtes que pleines de charme, instruments précieux pour la fonction spirituelle des femmes.

Par des exemples, l'on peut apprécier l'efficacité proprement sociale de cette fonction spirituelle des femmes, appliquée aux intérêts généraux de notre civilisation.

— Voici la santé publique. Les connaissances acquises sur la transmission et sur l'hérédité des maladies, ainsi que sur les conditions d'existence individuelle et collective qui en favorisent ou en contrarient la propagation, s'étendent chaque jour. Les progrès de ce que Condorcet appelait déjà « la médecine préservatrice » sont constants. Par cela même la répercussion de l'état et de la conduite sanitaires de chacun sur la vie commune, sur le sort des contemporains et des successeurs apparaît en sa pleine évidence avec une précision croissante. La loi de solidarité qui enchaîne les hommes et les générations y trouve de nouvelles applications aussi importantes que variées. Les devoirs qui en résultent sont graves, les responsabilités redoutables.

Les biologistes, les hygiénistes, les médecins prodiguent leurs avertissements, leurs prescriptions. L'opinion s'émeut et le législateur intervient. A sa première timidité succèdent plus de hardiesse et plus de décision. Il n'a certes pas dit son dernier mot. Mais biologistes, hygiénistes, médecins, opinion, législateur ne peuvent, en ce domaine comme en plusieurs autres, aboutir qu'avec le concours des femmes.

L'observation continue et vraiment pratique des enseignements et des lois sanitaires ne va pas sans une modification profonde des habitudes. Or, ce changement des habitudes, rapide quand les femmes y poussent, relativement facile encore quand elles ne le contrarient pas, devient très difficile quand il se heurte à leur opposition ou à leur inertie. Sans doute les sanctions légales ne sont pas sans effet ; mais leur action est trop souvent par quelque endroit en défaut, si elle n'est pas secondée par une bonne volonté dont la principale source est dans les suggestions domestiques.

La santé publique est d'ailleurs étroitement liée à l'hygiène et à la prophylaxie privées, aux soins et précautions pris soit pour les personnes — pour les enfants surtout — soit pour toutes les parties de l'habitation, dans chaque famille. Ceux-ci sont dans les mains des femmes ; suivant qu'elles seront dans le camp de la routine, ou au service du progrès, il en peut résulter le plus grand bien ou le plus grand mal.

Quant aux fléaux qui détruisent à la fois la santé, les mœurs et la race, les croisades féminines sont, pour les combattre, l'arme la plus puissante. Des précédents connus montrent ce qu'a pu faire en certains pays la ligue des femmes contre l'alcoolisme.

— Dans le domaine de ce qu'on appelle proprement la *question sociale,* le rôle des femmes peut devenir considérable. Il consistera surtout à dégager le côté moral des problèmes et des conflits et à mettre en œuvre les facteurs moraux de leur solution.

Si les femmes veulent et savent, leur action sera elle-même un de ces facteurs moraux, fort et bienfaisant entre tous.

Elles entrent d'abord dans la question sociale sous l'impulsion du cœur et par la représentation aiguë des mille souffrances concrètes qui sont le fruit amer de l'anarchie industrielle, du gaspillage, de l'*amoralité* économique, de l'état de guerre entre le capital et le travail. Il suffit qu'elles soient mieux renseignées pour que cette représentation s'élargisse, s'étende aux misères moins apparentes ou plus lointaines, pour que leur sympathie compatissante, et quand il y a lieu indignée, embrasse toutes les faiblesses, victimes de tous les abus de la force ou du désordre social, ou seulement de l'ignorance et du défaut d'organisation, ou même de quelqu'une de ces fatalités que la providence humaine ne peut abolir, mais dont elle peut prévoir et adoucir les coups.

Il est seulement nécessaire que les femmes s'élèvent à une bonté encore plus haute et en quelque sorte plus abstraite, dont elles sont sûrement capables, pourvu que leur esprit ait été assez ouvert aux idées générales sur l'organisation et la vie de nos sociétés et sur l'ordre moral. Elles sauront rappeler avec autorité le devoir social, tout le devoir social, dès qu'elles apercevront clairement, en harmonie avec les exigences de leur cœur, une justice meilleure et plus vraiment juste, fondée non plus seulement sur la distinction du mien et du tien, mais, en outre, sur la reconnaissance de ce que chacun doit à tous en raison de sa *dette* générale envers l'Humanité et de sa *fonction* sociale.

La conception positiviste de la source et de la destination sociales des capitaux humains n'est point pour choquer la femme. Peut-être même que l'illusion individualiste sur ce sujet a chez elle de moins profondes racines que chez l'homme, plus dominé par la contemplation de son propre personnage et de son action particulière qui lui apparaissent au premier plan de la scène économique. L'homme, du reste, — on peut en faire la remarque incidemment, — oublie trop, parmi les facteurs personnels de toute capitalisation, la juste part des mérites féminins : bonne administration du ménage, prévoyance maternelle, privations acceptées en silence...

Si le sens des réalités concrètes, le contact continu avec les nécessités de la vie, l'esprit de famille, l'attachement aux autonomies particulières défendent les femmes contre la séduction des systèmes communistes, il n'est point malaisé de leur faire comprendre, en se donnant la peine de les en instruire, le caractère social et les obligations sociales de la richesse. Dès lors, leur cœur en acceptera et même en réclamera le *règlement* social. L'écueil à éviter pour elles est l'aveuglement de l'instinct maternel, qui, plus d'une fois, fait dégénérer leurs affections domestiques en égoïsme familial.

Aucune des revendications légitimes du prolétariat ne laissera les femmes indifférentes. Quelques-unes sont faites pour les émouvoir spécialement. J'entends celles qui tendent à obtenir pour les travailleurs les heures de loisir nécessaires à qui veut vivre de la vie intérieure et de la vie sociale, pour la

13

femme un foyer véritable, pour l'enfant la douceur du nid familial, pour les vieillards le pain, l'abri et la paix avec le repos. Les riches et les pauvres, les femmes qui doivent sentir tout le prix de ces biens et celles qui souffrent cruellement de leur absence, peuvent s'unir en une fraternelle alliance pour en assurer la conquête aux déshérités.

C'est aux favorisées à faire le principal effort, en acceptant la libre collaboration de leurs sœurs, pour la limitation progressive de la journée de travail, pour le repos hebdomadaire, pour l'habitation salubre et décente, pour le repos honorable des vieillards, etc..., et, bien entendu, contre l'exploitation industrielle de la femme. Mais qui ne sait que tout se tient, et, par exemple, quel lien étroit existe entre cette exploitation de la femme et l'insuffisance ou la précarité des salaires masculins ?

Quel champ pour l'action morale des femmes de toute condition ! C'est de mille façons qu'elle peut s'exercer par chacune sur chacun, par toutes sur tous. Les mœurs actuelles ne donnent qu'une bien faible idée de l'intensité qu'elle pourra acquérir. Il s'agit de transposer et de généraliser ce qu'il y eut de meilleur dans la réalité et dans l'idéal des mœurs chevaleresques. Alors ce sera par des actions de justice et de solidarité humaines, par des victoires remportées sur la misère, l'ignorance et le vice, par de fécondes initiatives particulières en faveur de la collectivité ou par de grandes réformes publiques que l'on recherchera et méritera le sourire, les applaudissements, l'assistance, quelquefois l'*amour* des *dames* (1). Et toutes les femmes seront dames.

Les femmes pourront beaucoup pour prévenir les conflits. S'ils éclatent, elles auront la noble tâche d'en modérer l'acuité d'abord, puis d'en faciliter les solutions qui concilient et qui apaisent.

Du côté patronal, elles réfrèneront l'égoïsme et l'orgueil ; elles exigeront des employeurs, intendants responsables de l'humanité, tout l'effort que commande leur devoir précis envers leurs collaborateurs et envers la concorde civique. Du côté prolétaire, elles rappelleront que le travail aussi a des devoirs envers la communauté ; elles combattront tous les genres de violence et d'excès ; elles feront accepter la limite du possible. Des deux côtés, bonnes ouvrières de paix sociale et de fraternité, elles agiront suivant la devise d'Antigone : « *Je suis née non pour une haine mutuelle, mais pour un mutuel amour* ».

— La haine, voilà l'ennemi. C'est aux femmes encore à se liguer contre les haines internationales.

Ne leur demandons pas un reniement impie de la Patrie, organe nécessaire et permanent de l'ordre humain, ni d'énerver les énergies destinées à la servir toujours et, au besoin, à la défendre. Mais la

(1) Et leur *clientèle*. Les femmes sont *acheteuses*. Comme telles, si elles s'entendaient, elles pourraient dès maintenant agir comme un puissant régulateur moral sur le commerce de détail et sur une foule d'industries dont elles utilisent journellement les produits.

guerre n'est pas plus à jamais fatale entre les peuples qu'elle ne l'a été entre les familles. Il faut que les peuples, comme les familles, en viennent à vivre *en société*, pour organiser l'Humanité, qui est une société de patries libres et solidaires. Que, dans un effort commun d'amour et de raison, les femmes poursuivent sans se lasser les rapprochements individuels et collectifs par-dessus les frontières !

Qu'elles sachent bien que sur ce sujet les révoltes de leur cœur sont en harmonie avec l'intérêt général et avec l'honneur véritable des nations, comme avec la loi de l'histoire qui achemine celles-ci, en dépit de perturbations trop réelles, vers la coopération dans la paix.

II

Offices féminins.

Ainsi le positivisme donne un sens et un but à la vie féminine dans la société comme dans la famille.

Il assigne à toutes les femmes cette tâche commune : apprivoiser la force par l'amour, faire de l'esprit, suivant la formule d'Auguste Comte, non pas l'esclave, mais le ministre du cœur, accroître constamment la somme de paix et de bonté sur la terre. Les modalités et les moyens, susceptibles d'une infinie diversité, s'en peuvent adapter aux situations les plus humbles comme aux plus élevées. Les résultats qu'on en peut espérer, d'après ceux, partiels et bien imparfaits encore, qu'on a pu constater, doivent être profitables à tous les hommes. Mais ils seront particulièrement précieux aux éléments de l'humanité qui ont le plus grand intérêt au règlement moral de la force dans le monde : à la masse des moins favorisés, à tous les faibles, aux enfants, aux femmes elles-mêmes.

La mission générale des femmes ainsi comprise les appelle à devenir, comme le voulait Comte, les collaboratrices indispensables du nouveau *ministère spirituel*, dont la fonction sera de régler et de rallier, sans contrainte, par la science et par la sympathie pour l'amélioration terrestre de la destinée humaine. Mais qu'elles n'en attendent pas l'organisation effective pour s'efforcer, même dans les conditions défectueuses de notre état social, à faire leur partie dans l'alliance, — si nécessaire, — des philosophes, des femmes et des prolétaires.

Trop d'obstacles se dressent entre les femmes et leur destinée, donc entre elles et leur bonheur : la misère qui opprime et le luxe oisif qui corrompt, l'anarchie économique et l'anarchie morale, l'égoïsme ou le défaut de courage des hommes et l'ignorance des femmes elles-mêmes, la vicieuse éducation des deux sexes. Joignez-y des préjugés que nos antécé-

lents théologiques et militaires ont mêlés à l'héritage des civilisations et même des survivances d'une
barbarie plus lointaine. Mais pourquoi y ajouter,
nouveaux obstacles, le mirage trompeur des ambitions qui se trompent de but et le faux idéal de
l'individualisme révolutionnaire ?

Disputer à l'homme tous les pouvoirs, — ou devenir un facteur essentiel dans le réglement de tous
les pouvoirs, y compris le pouvoir du nombre et sans
en excepter le pouvoir intellectuel, — telles sont
les deux directions qui s'offrent à l'ambition féminine.

Mais il faut choisir entre elles. Ce sont deux routes
qui divergent au point qu'il est contradictoire de
vouloir les suivre toutes les deux. Les aptitudes,
l'éducation, les conditions de vie nécessaires pour
avancer sur l'une diffèrent totalement de celles qui
sont requises pour s'aventurer sur l'autre. Les deux
buts sont d'ailleurs incompatibles. Car la femme ne
peut exercer sa fonction éducatrice et modératrice,
son ministère de paix et de ralliement, sa providence morale parmi les hommes avec autorité, donc
avec fruit, qu'à la condition de ne se point poser
devant eux en rivale universelle et combative.

Sur le choix, les femmes peuvent-elles hésiter ? Le
rôle social que le positivisme leur propose, en harmonie avec leur nature et avec leur intérêt comme
avec l'intérêt commun de l'humanité, est susceptible
d'un extension indéfinie et d'une réussite graduellement généralisée. Au contraire, la progressive compé-

tition et l'antagonisme croissant ne comportent que des succès exceptionnels, achetés fort cher, tandis qu'ils sont gros de déboires, d'humiliations et de misères pour la masse des femmes. La concurrence, c'est la bataille où l'on donne et reçoit des coups. Je ne dis pas que plus d'une femme ne puissent s'armer pour cette bataille et apprendre à se servir de leurs armes ; mais c'est au prix de quelque chose de pis que les heurts, les blessures et les irrespects subis dans cette mêlée, au prix d'une lamentable déformation de leur âme, que suit la ruine du bonheur.

La lutte pour l'*existence* ne s'impose qu'à trop de femmes, hélas ! par la faute des hommes ou par le fait d'un régime social qui n'est pas immuable. Subissons-en les conséquences transitoirement inévitables et cherchons à les adoucir en attendant et en préparant des jours meilleurs. Mais pourquoi proposer aux femmes, comme objet désirable, l'âpre combat, si contre-indiqué par leur nature physique et morale, pour la fortune ou pour la domination, pour les satisfactions de l'orgueil et de la vanité ?

Cependant il faut tout comprendre et rester relatif. La femme qui exerce toute sa fonction de femme dans la famille et qui, de plus, participe suivant ses forces et sa condition au ministère général des femmes dans la société, réalise sa destinée. Mais songez à celles qui n'ont pas un office défini ou suffisant dans une famille, à celles qui ne se sont pas mariées ou pour qui le mariage n'a porté que des fruits amers. Celles-ci peuvent ne pas trouver dans leur participation indéterminée au rôle général des femmes, rendue d'ailleurs plus difficile, — surtout si elles sont pauvres, — par l'insuffisance même de leur vie domestique, de quoi remplir assez leur vie. Et c'est pour elles, plus qu'on ne croit, un malheur.

Il le faut considérer ici en faisant abstraction du problème de l'existence matérielle, qui ne se pose pas pour toutes et dont il sera parlé au chapitre suivant. Le remède ne peut plus être le couvent. Il faut à toute femme comme à tout homme, en dehors et sans préjudice de ses devoirs généraux, une fonction définie, une occupation régulière et utile, condition d'équilibre intellectuel et d'assiette morale. Il est normal pour la femme que le mariage et la maternité les lui procurent suffisantes et pleines au foyer. Mais ce n'est pas le normal qui se produit toujours. De là un nombre croissant de situations pénibles, douloureuses.

La nécessité s'impose donc, indépendamment même de la question de gagne-pain, d'un ensemble d'offices spéciaux destinés à occuper et utiliser pour le service social les femmes laissées... trop disponibles. Il en existe déjà. Ils devront croître en nombre et en importance ; mais combien il importe qu'ils soient appropriés à la nature et à la destination sociale de la femme !

Au premier rang il faut placer les offices qui sont de réelles transpositions de la maternité.

D'abord, si la loi et la pratique sociale facilitaient davantage l'adoption, des femmes qui n'ont pas pu fonder un foyer naturel ou dont le mariage est resté stérile, pourraient plus souvent former ou compléter artificiellement une famille, quand elles en auraient les moyens et le courage. Pourquoi, d'autre part, refuser aux femmes l'accès à la tutelle testamentaire ou dative ? Pourquoi n'ouvrir qu'aux « ascendantes » les conseils de famille ?

Ce n'est pas d'aujourd'hui que des femmes de toute croyance prodiguent dans les œuvres de charité le meilleur d'elles-mêmes. Ce qu'elles y dépensent sous mille formes, de dévouement, de zèle ingénieux et de vaillance ne sera jamais trop loué. Sans être exclusifs ni parcimonieux dans notre hommage, ne devons-nous pas notre plus grande admiration aux femmes qui, sans penser à un salaire d'outre-tombe, ni travailler pour la gloire d'une église, obéissent au seul amour de l'humanité, à la seule attraction du malheur ?

Mais, renouvelée par la foi en la solidarité sociale, l'assistance, qui doit comprendre la médecine publique, préventive ou curative, prend un développement sans exemple dans le passé. Des *institutions*, des *services* réguliers lui sont nécessaires. La misère, la maladie et l'infirmité, la vieillesse malheureuse, l'enfant et la femme en détresse matérielle ou en danger moral, les déchéances à relever réclament des fonctions payées ou gratuites, mais permanentes et organisées. Il en faut pour découvrir l'infortune, pour secourir et préserver, pour soigner et guérir, pour corriger et réparer. Il en faut encore pour administrer et contrôler toute cette activité bienfaisante. Parmi ces fonctions, le nombre de celles, modestes ou élevées, qui exigent la participation des femmes apparaîtra de plus en plus considérable.

Il n'est ni nécessaire ni désirable que toutes soient officielles.

La part des organisations libres dans cette utilisation de la femme sera d'autant plus fructueuse qu'elles seront plus affranchies des préoccupations confessionnelles.

L'initative vient déjà des femmes. Les plus humbles comprendront ce qu'elles peuvent dans ce domaine en *associant* leurs dévouements et leurs services.

L'éducation et l'enseignement, l'instruction professionnelle, la protection des femmes et des enfants employés dans l'industrie, la partie pour ainsi dire ménagère de quelques administrations publiques et de quelques œuvres sociales comportent des offices féminins, dont l'importance et la variété croîtront.

Mais gardons-nous des énumérations. Car le progrès suscite tous les jours des besoins nouveaux de vie mieux ordonnée et plus belle auxquelles répondront, mieux cultivées, les aptitudes pratiques et esthétiques de la femme.

Les fonctions *politiques* ne sont pas des offices féminins. Il y faut des aptitudes, un régime et même des défauts masculins. La femme, en les exerçant, ne pourrait qu'altérer ses qualités propres et tarir la source de sa plus sûre, de sa meilleure influence. Qu'on n'objecte pas Élisabeth d'Angleterre, Catherine de Russie ou d'autres encore. Ce furent de

grands *hommes,* ce ne furent pas de grandes femmes.
La femme a mieux à faire que de *faire* la politique
comme ministre, comme député, voire comme élec-
teur ; c'est de la *juger* au nom de la morale avec
autorité. Soyez certains qu'elle ne la jugera pas longtemps ainsi sans la modifier pour le plus grand bien
des peuples et d'elle-même.

III

Le Travail des Femmes.

Indépendamment des services qui ont besoin de la
femme, il y a les professions et les métiers dont le
besoin s'impose à trop de femmes.

Il faut vivre.

« *L'homme doit nourrir la femme.* » Auguste Comte
a énoncé en ces termes une règle d'évidente justice.
C'est la formule du devoir masculin, de la *dette* masculine envers la femme dans l'ordre économique.
Il est étonnant que quelques-uns et même quelques
femmes aient voulu y voir je ne sais quelle menace
pour la liberté ou pour la dignité de la femme.

Qui parle d'une *aumône* humiliante ou du *prix,*
plus humiliant encore, octroyé à la femme pour
l'aliénation de sa personne ?

Il ne s'agit pour l'homme ni de payer ce qui n'est pas dans le commerce, ni de faire, il s'en faut de beaucoup, un don gratuit. L'obligation masculine d'assurer l'existence matérielle de la femme, c'est d'abord l'indemnité due à celle-ci à cause des services, des fatigues, de l'usure, des risques, des périls inhérents dans l'ordre matériel aux fonctions féminines, ménagères et maternelles. C'est ensuite la condition sans laquelle la généralité des femmes sont impuissantes à remplir, autant qu'il est nécessaire et de la manière qui convient, leur ministère moral dans la famille et dans la société.

Si l'on songe à ce qu'est la rude tâche de tant de femmes à la maison, à ce que la maternité implique de souffrances et de dangers, à l'immense bienfait qu'est la providence féminine réellement exercée sur la vie domestique et sur la vie sociale, on reconnaîtra que l'homme, en « nourrissant la femme » et en la dispensant de la lutte extérieure pour l'existence, reste encore son débiteur.

« *L'homme* », c'est le père, au besoin adoptif ; c'est le mari, c'est le fils ; ce sont les frères, quand ils peuvent. A leur défaut, ce pourrait être la solidarité familiale plus généralement appliquée à cet objet, afin d'assurer à la femme non pas l'oisiveté, mais la liberté requise pour choisir les occupations, les offices qui conviennent à sa nature et rentrent dans son rôle social.

Mais, si l'homme manque, s'il est dans l'impossibilité de s'acquitter, — ou s'il se dérobe à son devoir sans qu'on l'y puisse contraindre, — si le salaire masculin est insuffisant ou trop aléatoire, ou s'il subit les prélèvements illégitimes de sa mauvaise conduite, si la solidarité familiale est absente ou de trop faible secours, il faut bien que la femme vive, et plus d'une fois qu'avec elle et par elle vivent des êtres chers tombés à sa charge.

Ce n'est pas tout. Si l'homme doit nourrir la femme, la femme a le droit de rester juge des conditions auxquelles elle peut accepter d'être nourrie par l'homme et libre de n'accepter que celles qui sont en effet acceptables. Il y va de son élémentaire dignité.

Nul n'ignore de quelles difficultés est entouré le mariage des filles pauvres. Le mal se manifeste dans le prolétariat urbain sous des formes connues. Il est particulièrement aigu sous d'autres formes et s'aggrave chaque jour pour les filles sans dot de la bourgeoisie, surtout pour celles dont les exigences morales grandissent à leur honneur. Ce n'est pas du jour au lendemain qu'il sera rémédié à ce mal douloureux. Pour que l'organisation économique et les habitudes sociales auxquelles il se rattache en partie soient améliorées, pour que les hommes retrouvent plus de courage et acquièrent un sentiment plus juste non seulement de leur devoir social, mais de l'intérêt masculin bien entendu, pour que nos filles de leur côté et aussi les parents de nos filles évitent d'ajouter aux obstacles le souci exagéré d'une vie d'emblée très facile et très unie, sinon trop prodigue de satisfactions d'amour-propre, il faudra quelque temps. Donc, comment ne pas songer à celles qui ne se marient pas ou qui se marient tard ?

D'ailleurs, il importera toujours que la jeune fille ou la jeune femme puisse réellement choisir, comme il faut qu'elle soit choisie. Pour choisir, il faut pouvoir attendre, même quand on est pauvre, même quand on ne peut pas ou qu'on ne croit pas devoir compter sur l'assistance totale ou partielle de la famille.

A toutes ces nécessités, transitoires ou permanentes, la vie sociale doit pourvoir. Auguste Comte a enseigné que la dette envers la femme prend, à défaut de débiteurs individuels, un caractère social. Mais il n'est ni possible, ni souhaitable, que cette dette soit acquittée sous forme d'assistance gratuite en dehors de la famille par la collectivité, autrement qu'à titre temporaire, si ce n'est en des cas bien déterminés. On pense naturellement aux orphelines ou abandonnées encore incapables de gagner leur vie, aux femmes âgées, infirmes ou malades, sans ressources et sans soutiens, aux veuves ou aux femmes seules, chargées d'enfants et malheureuses.

Hors de ces cas ou de cas analogues, la collectivité doit aux femmes deux choses :

A celles dont le père, le mari, les fils ne demandent qu'à les faire vivre de leur travail, elle doit d'améliorer ses conceptions sociales, ses conditions économiques et ses mœurs de manière à mettre les salaires masculins en rapport avec le devoir masculin. Mais c'est toute la question sociale qui est ici soulevée. Les réformes profondes et l'évolution décisive qu'elle sollicite ne sont pas l'affaire d'un jour.

A toutes les femmes pauvres, adultes et valides, à qui est laissée la charge soit de se suffire, soit de subvenir pour tout ou partie à la vie des êtres chers, la société doit de leur offrir un gagne-pain honorable. Il faut donc des emplois, des professions, des métiers féminins.

Quant aux emplois publics, le départ ne semble pas si malaisé à faire entre ceux qui doivent rester masculins, ceux qu'il faut réserver aux femmes et ceux qui peuvent être partagés sans confusion. Ce qu'on a fait jusqu'ici dans ce sens pèche par défaut de méthode. Trop souvent les calculs budgétaires y ont plus de part que le souci de la condition féminine. On souhaiterait tantôt plus de discernement et tantôt plus de hardiesse.

Quant aux professions, métiers et emplois privés, c'est le *petit bonheur* de l'offre et de la demande individuelles qui règne. Pour le travail salarié des femmes, pas d'autre règle que, d'un côté, la dure loi du besoin et, de l'autre, la poursuite du moindre salaire à payer.

Cependant la sélection s'impose des entreprises et des labeurs contre-indiqués par la nature et par le rôle social des femmes, de ceux qui leur conviennent spécialement, de ceux enfin qu'on peut se résigner transitoirement à les voir assumer. Il sera toujours scabreux de la confier au législateur. Il la faut attendre du mouvement mieux éclairé de l'esprit public, du sentiment féminin lui-même, de l'action concertée, *organisée*, des amis de la femme, des sociétés et des œuvres féminines, des associations professionnelles *des deux sexes*.

Ces forces combinées ne s'emploieraient pas seulement, dans un esprit relatif et pratique, pour aider les femmes à pourvoir tant bien que mal à des nécessités qui n'attendent pas. Elles prépareraient un meilleur lendemain. Guidées par de plus justes notions sur l'ordre et le progrès humains, sur la vie et la destinée féminines, elles appliqueraient à un accord fécond des efforts trop souvent gaspillés en un antagonisme stérile. Doucement elles éloigneraient des tâches anti-féminines les femmes qui ont besoin de travailler pour vivre ; elles les aiguilleraient vers les professions et les emplois auxquelles s'adaptent le mieux ou le moins mal leurs dispositions physiques et morales et leur en faciliteraient l'accès. Dans ce domaine elles tendraient, *par des ententes systématiques*, à réduire autant que possible la concurrence funeste entre les deux sexes.

Pour une telle œuvre le concours des riches conscients de leur responsabilité serait bien utile. Mais, si toutes les forces qui peuvent y coopérer doivent y travailler tout de suite, qui ne voit à quel point leur coopération serait guidée et fortifiée par l'action coordinatrice du ministère spirituel, de l'autorité morale, scientifique et humaine, dont les positivistes appellent l'avènement ?

C'est aux femmes de toute condition et de toute culture qu'il faut penser, à toutes celles, dont il faut déplorer mais constater le trop grand nombre, qui n'ont pas leur existence assurée dans la famille, par la famille. La gamme peut être étendue et diversifiée des ressources que la société doit leur offrir depuis la domesticité transformée en prolongement de la famille — en passant par les parties appropriées de la gestion agricole, du commerce de détail et de l'industrie ménagère, par de nombreuses variétés de travail manuel qui veulent soin et patience plus que force, par plus d'un métier d'écriture, de rédaction ou d'art, d'art décoratif surtout, par des services d'administration intérieure, sans compter les offices infirmiers, hospitaliers et pédagogiques, — jusques, par exemple, aux applications les plus élevées et les plus délicates du ministère médical.

Les positivistes ne cesseront pas de s'élever contre l'encasernement et l'exploitation des femmes par l'industrie. Ils repoussent pour elles ici le surmenage physique, comme ailleurs le surmenage du cerveau et des nerfs. Ils gémissent sur les dangers que les agglomérations et les promiscuités font courir à la santé et aux mœurs féminines. Dans l'ouvrière soumise à un régime si contraire à l'organisation de la femme ils voient la race compromise. Si elle est épouse et mère, ils voient dès maintenant le foyer désorganisé, l'enfant exposé à tous les périls de la rue. Ils reconnaissent, en outre, dans l'industrialisation croissante de la femme, une cause d'avilisse-

ment des salaires et de chômage, une source d'antagonisme contre nature entre les deux sexes, entre
deux misères.

Quelque puissants et bien organisés que l'on suppose les efforts ligués contre ce fléau, il ne dispa-
raîtra pas tout de suite, ni à très brève échéance. En
attendant, rien ne doit être négligé ni par l'initiative
privée, ni par les associations professionnelles ou
autres, ni par les pouvoirs publics pour en atténuer
la malfaisance. Le législateur a commencé, il devra
poursuivre et développer en faveur· des femmes
employées dans l'industrie une réglementation protectrice que la conscience publique exige.

Gladstone a dit un jour que l'homme qui trouve-
rait un moyen décisif de développer le travail rétribué
des femmes *au foyer* rendrait un grand service à l'humanité. C'est très vrai dans notre état social, mais
à la condition que le travail des femmes à domicile
soit efficacement défendu par des forces sociales
organisées à cet effet contre la scandaleuse exploitation qu'il subit aujourd'hui. Les avantages, pour la
femme et pour la famille, du travail à la maison sur
le travail à l'usine ou à l'atelier, sautent aux yeux.
Mais est-ce que tout récemment encore on ne nous
parlait pas de pauvres femmes peinant sur des cor-
sages jusqu'à une heure avancée de la nuit pour
gagner, à grand'peine, à Paris.... vingt sous ?

Quand la femme est forcée de travailler pour vivre,
chez elle ou au dehors, son travail doit lui permettre de vivre. Payer misérablement la femme

parce qu'elle est femme est une injustice. Il arrive pire. Il arrive que la maigreur invraisemblable du salaire escompte la honte de la femme. Ceci est le dernier degré de l'infamie....

Les beaux-arts proprement dits, les lettres, des travaux scientifiques peuvent, plus d'un exemple le prouvent, procurer des ressources à quelques privilégiées. Les positivistes ne s'en plaignent pas. Toutefois, ils souhaitent que dans l'avenir les femmes, douées et préparées à cet égard en plus grand nombre qu'aujourd'hui, puissent demander aux ouvrages de l'esprit soit un instrument supérieur de leur office spécial d'éducation ou d'enseignement, soit un moyen ajouté aux autres de remplir cette fonction générale de la femme qui est d'améliorer et d'embellir la vie, plutôt qu'une source de profit personnel. Le bonheur commun y gagnera et leur talent n'y perdra rien.

IV

L'éducation des Femmes.

Ce serait folie de songer à traiter en quelques lignes ce sujet qu'un volume n'épuiserait pas : l'éducation des femmes. Je me bornerai donc à indiquer très sommairement quelques idées directrices qui se déduisent de ce qui précède.

Élever, c'est adapter méthodiquement un être à sa destination.

Toute éducation positive perfectionne la nature en la respectant. Si remplir sa destinée est pour un être une condition du bonheur, une éducation rationnelle des femmes est un élément indispensable de leur bonheur propre.

L'éducation *physique* est fondamentale. Elle doit précéder la naissance de l'enfant et ne cesser jamais. La santé est l'outil commun de toutes les fonctions, de tous les services. Or la santé de l'adulte se fait dans l'enfant.

Dès le premier jour, dans l'enfant du sexe féminin il faut prévoir la femme future, la mère probable. Cette prévision dominera toute l'hygiène de la petite fille d'abord, de la jeune fille ensuite. Les soins, le régime, les habitudes, les exercices seront réglés en conséquence. La faiblesse n'est pas une grâce. L'altération artificielle des organes, des formes et des proportions, si elle doit contrarier un jour les fonctions de la femme et de la mère, n'est pas une source de beauté.

C'est déjà trop des mauvaises chances que la future femme tient de l'hérédité et de la condition sociale. Loin de les aggraver, l'éducation physique devrait s'appliquer à les corriger. Le plus possible elle devrait combattre toutes les causes de déformation et de misère physiologique : chez les unes, — légion hélas ! — l'insuffisante nutrition, le surmenage physique, l'usure précoce; chez d'autres, les malfaisances, de la mode, de la claustration oisive ou d'une vie agitée et vide; chez d'autres enfin, déséquilibre résultant du surmenage hâtif des nerfs et du cerveau.

L'éducation *morale* comprend l'éducation des sentiments et du caractère, mais n'est complète que par l'éducation de l'esprit.

L'enfant, de quelque sexe qu'il soit, naît avec un égoïsme prépondérant, tyrannique même. Atténuer le plus possible la virulence de l'égoïsme, éveiller, exercer et développer l'altruisme naturel, utiliser l'énergie même des instincts personnels, non étouffés mais disciplinés, pour des fins altruistes, telle est la tâche des éducateurs.

Faire épanouir tout ce que le cœur féminin contient de virtuelle tendresse paraît facile. Il y faut cependant du discernement et de l'art. L'instinct maternel, qui est comme la basse continue dans les harmonies affectives de la femme, se manifeste de bonne heure sous les formes les plus enfantines. Mais, s'il est un allié puissant et précieux des penchants altruistes, il est aussi et devient avec l'âge un maître exigeant. J'ai rappelé ce qu'il introduit de particularisme jaloux dans les plus douces affections de la femme. Il est certain qu'il engendre, en bien des cas, un véritable égoisme domestique, dont les suggestions sont contraires à la solidarité sociale et à la justice. C'est de très bonne heure qu'il convient de prévenir de telles déviations par la culture directe

des affections purement altruistes et par l'élargisse-
ment de l'esprit lui-même.

Deux qualités nécessaires à la femme, la pureté et
la sincérité, exigent l'éducation combinée des sentiments et du caractère.

La vraie *pureté* n'est pas faite d'une prétendue
« innocence », d'une ignorance réelle ou fictive, qui
devient dangereuse si elle se prolonge trop. Elle n'a
rien à voir avec les fausses pudeurs. Elle est la forme
essentiellement féminine du respect et de la possession de soi-même. Elle est, chez la jeune fille, le
souci conscient de garder inaccessible à des atteintes
qui, pour la femme, sont une servitude et une diminution, son capital d'amour et de maternité, jusqu'au jour où elle consentira le don libre et réfléchi
d'elle-même, dans les seules conditions dont se
puissent accommoder sa dignité, sa sécurité et sa
mission.

Le respect de soi-même entre aussi avec la sympathie pour les autres et le courage moral dans la sincérité. La femme doit dès l'enfance en prendre l'habitude pour mériter la confiance qu'il lui faudra
inspirer. Mais la sincérité réclame elle-même la confiance témoignée à l'enfant et à la jeune fille.

L'éducation morale ne s'achève que par l'éducation *intellectuelle*. Les meilleurs sentiments veulent
être complétés par des convictions raisonnables ;
sans quoi ils sont exposés à tous les égarements. La
bonté de la femme en particulier ne sera préservée
des erreurs souvent graves qu'elle peut commettre

que si elle est doublée d'une connaissance réelle de
ce qu'est le bien.

Chez les filles comme chez les garçons la formation du jugement moral doit, dès qu'il se peut, être
parallèle à la formation des sentiments et des habitudes.

Exclusivement concret et pratique, toujours élémentaire et familier dans la première période de
l'âge scolaire, l'enseignement moral pénétrera tout
l'enseignement théorique du second âge scolaire ou
de l'adolescence. Il en sera, sous la forme systématique, la conclusion.

Aux femmes comme aux hommes la *bonne volonté*,
soigneusement cultivée, est indipensable, mais ne
suffit pas. Il leur faut une doctrine morale. Comment,
dans notre civilisation si compliquée, les femmes
pourraient-elles se conduire elles-mêmes et moraliser
la conduite des autres, si à l'élan du cœur ne s'ajoute
pas chez elles l'action directrice des notions morales ?
J'entends les notions démontrables sur la nature
humaine, sur les conditions fondamentales et le perfectionnement de la vie morale, sur la réalité et les
relations hiérarchiques de ces êtres collectifs qui
s'appellent la famille, la cité, la patrie, l'humanité,
sur notre dépendance et notre dette envers eux, sur
la solidarité des individus, des sexes, des groupes et
des générations, sur la nécessité de concilier le concours avec la liberté à la fois respectée et réglée.

« L'amour » est le « principe » ou la source véritable de la moralité humaine, que la femme excelle à

mettre en action. Il lui a trop souvent manqué d'en connaître assez la « base », qui est un « ordre » réel, à la fois nécessaire et perfectible et d'en apercevoir distinctement le « but », qui est le « progrès » terrestre de l'existence individuelle et collective, soit un ordre meilleur.

Pour faire une *conscience* complète, au sentiment altruiste doit s'associer une raison altruiste armée par l'enseignement de la morale.

Cette morale, pour laquelle les dogmes théologiques et les systèmes métaphysiques, loin d'être encore des soutiens, sont devenus des causes de dissolution et de ruine, suppose tout un ensemble de connaissances antécédentes sur la réalité observable. Elle comprend une psychologie positive et dépend immédiatement d'une sociologie, fût-elle élémentaire, c'est-à-dire de notions également positives sur l'existence, l'organisation et l'évolution des sociétés. Morale et sociologie impliquent ensemble une biologie, puisque la vie morale et la vie sociale impliquent la vie tout court. Les phénomènes supérieurs sont distincts mais dépendants des phénomènes inférieurs, même quand ils les modifient. De plus, chaque être dépend de son milieu, organisé ou inorganique, tout en réagissant sur lui. C'est une autre raison de connaître la biologie et c'est une raison entre autres de connaître l'ordre du monde qui nous domine, en ce qu'il nous est accessible. On remonte ainsi par la chimie et la physique jusqu'à l'astronomie. Enfin la mathématique, outre qu'elle

étudie ce qu'il y a de plus général et de plus indé-
pendant dans le domaine de la connaissance positive, fournit à l'esprit et par l'esprit à la volonté
une discipline. Celle-ci n'est étrangère ni à notre
conception, du reste progressive, de la justice, ni à
nos habitudes de généralisation morale.

Donc l'enseignement systématique de la morale
se lie, pour les jeunes filles comme pour les garçons,
à leur initiation aux autres sciences fondamentales
suivant l'ordre établi par Auguste Comte depuis
l'arithmétique jusqu'à la sociologie. Mais c'est pour
les jeunes filles surtout que les études scientifiques
doivent être résolument subordonnées à l'intérêt
éducatif qui les domine.

Il s'agira bien moins de charger la mémoire de
nos filles d'un bagage encombrant et lourd de
détails, ni de fatiguer à l'excès leur cerveau, au
détriment de leur santé physique et morale, par
le jeu de la difficulté inutile, que de leur donner des
vues justes sur le monde, sur la vie et sur la société,
de leur faire une mentalité positive. Il en doit être
d'autant plus ainsi que les positivistes entendent
faire de la culture scientifique ainsi comprise non
pas le privilège de quelques-unes, mais le patrimoine du plus grand nombre possible, un jour, de
toutes.

Contraire à toute superstition, à tout esprit de
chimère, à toute intolérance, cette culture aura pour
résultat, pensons-nous, de familiariser dans le domaine moral comme dans le domaine physique, le

cerveau féminin avec la notion de *loi*, négation de tout arbitraire divin ou humain, de développer en lui le sens d'un ordre général incompatible avec un particularisme abusif, de lui donner le goût des évolutions nécessaires et possibles, aussi exclusif des subversions violentes que d'un conservatisme aveugle.

Une telle éducation est propre à faire cesser le divorce mental entre l'homme et la femme, qui est un si formidable obstacle au progrès, qui pèse sur toutes les relations sociales, qui vicie jusqu'au mariage et dissout lentement, mais sûrement, la famille. Je sous-entends que ce résultat suppose aussi que l'éducation d'un grand nombre d'hommes sera également réformée.

On sait, sans qu'il soit utile d'y insister ici, que les positivistes demandent pour les jeunes filles comme pour les jeunes hommes que l'instruction scientifique soit toujours accompagnée de l'indispensable étude de deux langues vivantes, de l'étude régénérée de l'histoire concrète, d'une culture esthétique éminemment nécessaire au rôle de la femme, qui est, en partie, de poétiser les réalités et de réaliser toujours un peu plus d'idéal autour d'elle.

L'éducation *pratique* des filles doit les préparer à leur destination normale et aux nécessités éventuelles de la vie. Toutes doivent apprendre à la fois le *ménage* et un *métier*.

Le ménage, pris ici au sens le plus large, comprend tous les soins spéciaux de la femme, de la mère éducatrice, toute l'administration intérieure du foyer.

On voit ce qu'il exige de notions réelles, notamment en biologie, en hygiène, en pédagogie élémentaire, en économie.

A toutes il faut l'apprentissage d'une profession, gagne-pain, gage de liberté dans l'acceptation du mari, ou réserve utile.

Il faut enfin à nos filles un apprentissage de l'action sociale. C'est une raison, parmi d'autres, de faciliter judicieusement entre les jeunes gens des deux sexes des relations confiantes et saines. La moralité, si l'on se garde de trop strictes imitations, y gagnera plus qu'on ne croit ; et le service futur de l'Humanité en sera mieux assuré, ce qui est le but dernier de toute éducation, de toute discipline et de tout savoir.

LA FEMME

ET

LE POSITIVISME

TROISIÈME PARTIE

Le Rôle social de la Femme.

ACHEVÉ D'IMPRIMER

Le 11 Septembre 1905

PAR LA

SOCIÉTÉ TYPOGRAPHIQUE

DE CHATEAUDUN

ÉDITIONS DE LA REVUE OCCIDENTALE

(Collection in-8°, avec le Frontispice de la Bibliothèque positiviste)

BIBLIOTHÈQUE POSITIVISTE

BICHAT. — ANATOMIE GÉNÉRALE APPLIQUÉE A LA MÉDECINE. Nouvelle édition, conforme à celle de 1801. Deux beaux volumes de 525 pp. et de 606 pp., très bien imprimés. Prix d'édition de l'ouvrage complet : 7 fr. 50 (beau papier ordinaire) ou 11 fr. (papier de luxe) à la Librairie Steinheil, rue Casimir-Delavigne, 2, Paris.

CONDORCET. — TABLEAU HISTORIQUE DES PROGRÈS DE L'ESPRIT HUMAIN. Nouvelle édition complète, et conforme à celle de 1847 (épuisée). Un beau volume de 480 pp., soigneusement imprimé, édité à 5 fr., chez Steinheil.

PUBLICATIONS POSITIVISTES

Aux Bureaux de la REVUE OCCIDENTALE, rue Monsieur-le-Prince, 10, Paris.

CONSIDÉRATIONS GÉNÉRALES SUR L'ENSEMBLE DE LA CIVILISATION CHINOISE ET SUR LES RELATIONS DE L'OCCIDENT AVEC LA CHINE, par PIERRE LAFFITTE. 2e édit. (1900). Un volume de 150 pp., édité à 1 fr. 50.

L'ŒUVRE D'A. COMTE ET SON INFLUENCE SUR LA PENSÉE CONTEMPORAINE, par HECTOR DENIS, Professeur à l'Université libre de Bruxelles. Une brochure éditée à 0 fr. 50 (1901).

MOLIÈRE MORALISTE, par JEAN CANORA. Une broch. de 32 pp., éditée à 0 fr. 50 (1901).

LA CRISE MORALE ET LE POSITIVISME, par P. GRIMANELLI. Un volume de 400 pp., édité à 4 fr. (1904).

TRANSITION, Roman positiviste, par MAURICE AJAM. Un volume de 240 pp., édité à 3 fr. 50 (1905).

BIBLIOTHÈQUE
SOCIALE ET PHILOSOPHIQUE
A SOIXANTE CENTIMES

Parus :

CAMILLE MONIER. Résumé de Sociologie.

ÉMILE CORRA. La Philosophie positive.

— Les Devoirs naturels de l'homme.

— La Morale sociale.

ANATOLE FRANCE. L'Église et la République.

— **Opinions et Discours.**

P. GRIMANELLI. La Femme et le Positivisme.

Pour paraître successivement :

ANATOLE FRANCE. L'Impérialisme.

ÉMILE CORRA. L'Éducation positiviste.

— L'Humanité.

— La Religion.

— La République occidentale.

— La Patrie.

CAMILLE MONIER. Exposé populaire du Positivisme.

DESCARTES. Discours de la Méthode.

AUGUSTE COMTE. Discours sur l'Esprit Positif.

Dʳ PAUL DUBUISSON. La Morale théorique.

FRÉDÉRIC HARRISON. Herbert Spencer.

Chaque volume, net. . . . . **0 fr. 60**

Il est tiré, de chaque ouvrage, quelques exemplaires réimposés
et numérotés, sur papier de Hollande.

CHATEAUROUX. — IMPRIMERIE DE LA SOCIÉTÉ TYPOGRAPHIQUE

www.ingramcontent.com/pod-product-compliance
Lightning Source LLC
Chambersburg PA
CBHW060559100426
42744CB00008B/1247